JULES LEMAITRE

CORNEILLE

ET

LA POÉTIQUE D'ARISTOTE

Les Trois Discours
Les Préfaces et les Examens

PARIS

LIBRAIRIE H. LECÈNE ET H. OUDIN

17, RUE BONAPARTE, 17

1888

CORNEILLE

ET

LA POÉTIQUE D'ARISTOTE

JULES LEMAITRE

CORNEILLE

ET

LA POÉTIQUE D'ARISTOTE

Les Trois Discours
Les Préfaces et les Examens

PARIS

LIBRAIRIE H. LECÈNE ET H. OUDIN

17, RUE BONAPARTE, 17

1888

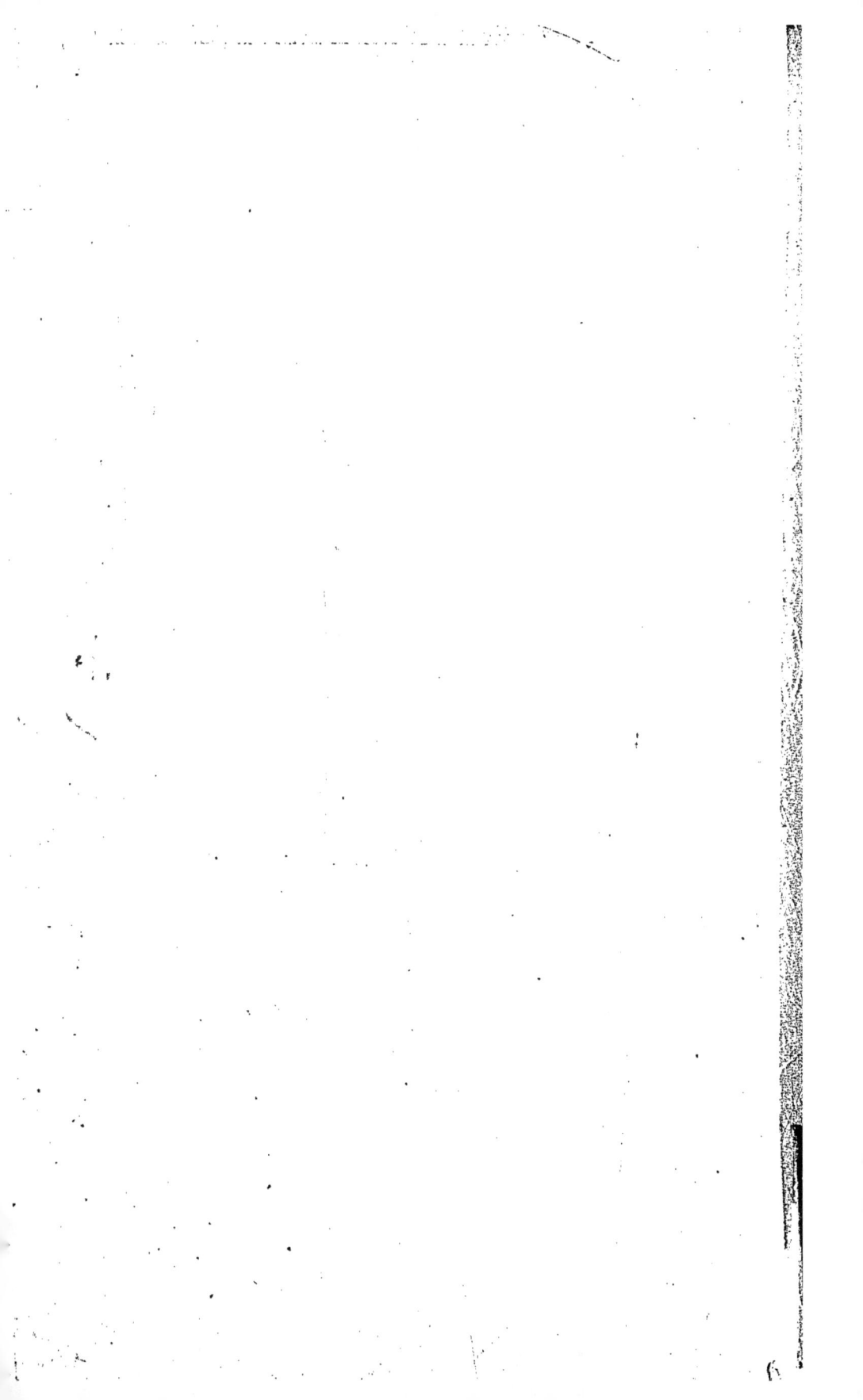

Ceci est la traduction, un peu développée par endroits, d'une thèse latine dont l'édition se trouve épuisée. Si je réédite ces notes, c'est surtout parce que je crois qu'elles peuvent être utiles aux étudiants qui préparent leurs examens de licence ès lettres ou d'agrégation.

J. L.

CORNEILLE

ET

LA POÉTIQUE D'ARISTOTE

INTRODUCTION

L'œuvre critique de Corneille n'est dans son ensemble qu'un commentaire subtil et tour à tour triomphant et désespéré de la poétique aristotélicienne, ou, pour mieux dire, un long duel avec Aristote. Par là, les trois *Discours*, les *Préfaces* et les *Examens* ont gardé l'intérêt d'une comédie. Dans cette lutte qui a duré trente ans, Corneille se livre à nous tout entier. Je ne chercherai donc pas, en analysant ces morceaux, si Corneille a toujours parfaitement compris Aristote, mais plutôt *comment* il l'a compris. On verra que, chez lui, le critique et le poète sont bien un seul et même homme et l'un nous servira à mieux connaître l'autre.

Vous vous rappelez cette phrase de la Bruyère : « Les premières comédies de Corneille sont sèches, languissantes, et ne laissaient pas espérer qu'il dût

1

ensuite aller si loin, comme ses dernières font qu'on
s'étonne qu'il ait pu tomber de si haut. » Eh bien !
cela est sans doute vrai à première vue ; mais, si vous
voulez profiter des lumières que fournit le critique
pour pénétrer jusqu'au fond de l'esprit du poète vous
ne partagerez plus l'étonnement de la Bruyère ; vous
serez beaucoup plus frappé de l'unité du théâtre de
Corneille que de son inégalité ; vous sentirez très net-
tement que la beauté du *Cid* est déjà dans la *Place
Royale* et que la bizarrerie de *Suréna* est déjà dans le
Cid. Et je crois que vous admirerez d'autant plus le
génie tout à fait singulier du vieux tragique, sa candeur, son amour du grand, sa passion de l'extraordinaire, sa sublimité et sa subtilité, un orgueil qui se
manifeste de deux façons presque contraires : car
tantôt il se vante de faire ce que nul n'avait osé avant
lui, et tantôt il se pique d'observer plus rigoureusement que personne les « règles », les fameuses règles ;
un esprit tour à tour emporté par les plus belles
audaces et paralysé par les respects les plus supers-
titieux ; bref, un génie complexe et qui ne se connaît
pas bien lui-même ; sublime, oui (c'est le mot qui
revient toujours quand on parle de lui), mais avec
quelles inintelligences et quelles étranges puérilités !
Je puis bien le dire sans être impie ; car nous l'aimons
comme cela, et ses vastes imperfections nous font
mieux sentir ce qu'il y a de spontané, d'involontaire
et de divin dans un pareil génie.

Prenons donc d'abord les trois *Discours*. Corneille

les a écrits après *Pertharite*, alors qu'il était dans la force de l'âge et qu'il savait le mieux ce qu'il faisait. Le premier traite « de l'utilité et des parties du poème dramatique »; le second, « de la tragédie et des moyens de la traiter selon le vraisemblable et le nécessaire »; le troisième, « des trois unités d'action, de jour et de lieu ». Puis nous étudierons les *Préfaces* et les *Examens*.

PREMIER DISCOURS

De l'utilité et des parties du poème dramatique.

On voit, dès le début, que Corneille se souciera moins d'exprimer sa véritable pensée que de la rendre conforme aux préceptes d'Aristote. Il se donnera pour cela une peine infinie, et nous sourirons parfois de l'angoisse du pauvre homme tiré d'un côté par son instinct de poète, et de l'autre par le respect de son maître. Çà et là, il lui résiste, et c'est pour nous une joie; car ce qu'il ose penser malgré Aristote a d'autant plus de valeur qu'il ne le pense qu'à son corps défendant. Et ainsi ces dissentiments éplorés nous font connaître à la fois avec certitude les erreurs et les défaillances du philosophe grec et les idées ou les sentiments essentiels de son commentateur; ils jugent Aristote et nous révèlent Corneille.

Le préambule de ce premier *Discours* fourmille de contradictions. Corneille nous dit d'abord que « le seul but de la poésie dramatique est de plaire aux spectateurs », mais qu'elle doit « plaire selon les règles ». J'en conclus qu'une pièce *peut* plaire contre les règles. Or qu'est-ce que des règles en dehors desquelles « le seul but » de l'art peut, à la rigueur, être atteint?

Corneille poursuit : « Il est constant qu'il y a des préceptes, puisqu'il y a un art; mais il n'est pas constant quels ils sont. On convient du nom sans convenir de la chose, et on s'accorde sur les paroles pour contester sur leur signification... Il faut donc savoir quelles sont ces règles; mais notre malheur est qu'Aristote, et Horace après lui, en ont écrit assez obscurément pour avoir besoin d'interprètes. » Voilà qui est bien dit; voici qui est mieux dit encore : « Les siècles suivants nous en ont assez fourni (de choses dignes de la tragédie) pour ne marcher plus sur les pas des Grecs. » Mais admirez la conclusion : « Je ne pense pas cependant qu'ils (les siècles) nous aient donné la liberté de nous écarter de leurs règles. Il faut, s'il se peut, *nous accommoder avec elles* et les amener jusqu'à nous. »

Tout cela revient à dire : « Il y a des règles, mais elles sont pour la plupart inintelligibles. Il faut néanmoins les observer, mais en les tournant. » Vous retrouverez continuellement chez Corneille cette façon de raisonner; tant le malheureux est partagé entre son sens propre et sa foi en Aristote!

Il fait remarquer que les interprètes d'Aristote et d'Horace « ne les ont souvent expliqués qu'en grammairiens ou en philosophes », et il ajoute avec

beaucoup de grâce : « Je hasarderai quelque chose
sur trente ans de travail pour la scène, et en dirai mes
pensées tout simplement. » Ce serait à merveille s'il
se tenait parole, et si la *Poétique* ne lui était qu'un
point de départ pour l'exposé de ses vues et de ses
théories. Mais elle est pour lui un texte sacro-saint
auquel il conforme, bon gré, mal gré, et par des
prodiges de piété ou de ruse, ses sentiments les plus
originaux. Il ne paraît pas se douter un instant que
la *Poétique* n'est qu'un recueil de notes, dont vingt
siècles ont tronqué ou corrompu le texte et qu'il est
étrange d'ériger en préceptes des remarques qu'on
n'est même pas toujours sûr de comprendre. D'ailleurs,
les pièces qu'Aristote a pu étudier n'étaient point assez
nombreuses pour lui permettre de formuler les lois universelles de l'art dramatique; lui-même n'a pas eu
cette prétention; il enseigne comment sont faites les
pièces qui ont plu, mais non pas précisément comment
une pièce *doit* être faite pour plaire, il constate plus
qu'il ne décrète... et enfin il a pu se tromper. Cela
Corneille le confessera deux ou trois fois, mais par
quels détours et avec quel tremblement !

Corneille soulève ensuite une grosse question : —
L'art doit-il être intentionnellement moral ? — Aristote
n'en dit pas un mot; mais Horace recommande de
« mêler l'utile et l'agréable », et Corneille paraît bien
être de l'avis d'Horace. Car, après avoir affirmé qu'« il
est impossible de plaire selon les règles, qu'il ne s'y
rencontre beaucoup d'utilité », — (M. Dumas dit plus

vivement : « Il n'y a pas de pièces immorales, il n'y a que
des pièces mal faites »), — le bon Corneille ajoute ceci,
qui n'est plus du tout la même chose : « Ainsi, quoique
l'utile n'entre dans le poème dramatique que sous la
forme du délectable, il ne laisse pas d'y être *nécessaire*. »

La tragédie, d'après Corneille, a quatre façons d'être
utile aux mœurs. « La première consiste aux sentences
et instructions morales qu'on y peut semer presque
partout. » — Le malheur, c'est que la plupart des
tragédies, et notamment celles de Corneille, contien-
nent pour le moins autant de maximes immorales que
de maximes vertueuses. Relisez, par exemple, la première scène de *Pompée* :

> Seigneur, quand par le fer les choses sont vidées,
> La justice et le droit sont de vaines idées ;
> Et qui veut être juste en de telles saisons
> Balance le pouvoir et non pas les raisons.
> . . . .
>
> Seigneur, n'attirez point le tonnerre en ces lieux :
> Rangez-vous du parti des destins et des dieux.
> . . . .
>
> Laissez nommer sa mort un injuste attentat,
> La justice n'est pas une vertu d'État.
> . . . .
>
> La timide équité détruit l'art de régner.
> Quand on craint d'être injuste, on a toujours à craindre ;
> Et qui veut tout pouvoir doit oser tout enfreindre.

Sans doute, le spectateur distinguera aisément les
sentences morales des maximes perverses, pourvu

qu'il ait lui-même le cœur droit et que le poète ait eu soin de ne prêter qu'aux scélérats des paroles scélérates. Mais alors cette « première utilité de la tragédie » se confond avec la seconde, que nous verrons tout à l'heure.

Il n'est pas étonnant, du reste, que Corneille recommande l'emploi des sentences et maximes. Nul ne les a prodiguées comme lui, et par là il est bien Romain. On pourrait extraire de son théâtre toute une théorie du droit divin et tout un traité de politique sous la forme d'axiomes. C'est que cette forme convient on ne peut mieux, par sa raideur et sa gravité, au caractère de ses héros. Il nous montre des personnages si sûrs d'eux-mêmes, si solidement établis dans leur pensée et dans leur volonté, que, lorsqu'ils ouvrent la bouche, aucun mode d'affirmation ne leur paraît trop fort. Or rien de plus affirmatif qu'une « maxime »; et par suite rien de plus cornélien.

« La seconde utilité du poème dramatique se rencontre en la naïve peinture des vices et des vertus, qui ne manque jamais à faire son effet, quand elle est bien achevée, et que les traits en sont si reconnaissables qu'on ne les peut confondre l'un dans l'autre, ni prendre le vice pour la vertu. Celle-ci se fait toujours aimer, quoique malheureuse; et celui-là se fait toujours haïr, bien que triomphant. »

On ne saurait mieux dire. L'affaire du poète n'est point de nous montrer les choses humaines ordonnées selon la justice, mais de nous en offrir une image claire, ramassée, qui en dégage et en fasse saillir les traits essentiels. Le peuple, lui, demande au théâtre plus de justice qu'il n'en voit dans le monde. Il veut que la vertu soit récompensée et le vice puni, du moins à la fin ; il a besoin de mensonges et d'illusions ; un dénouement heureux lui est une revanche contre les douleurs et les scandales de la réalité. Au contraire, les lettrés aiment assez, dans les œuvres d'art, la vérité triste ; ils trouvent un plaisir d'orgueil à voir les choses comme elles sont (et même pire qu'elles ne sont), et ils se savent bon gré d'y opposer une résignation dédaigneuse. Ainsi, ce que la foule attend du poète, c'est une traduction optimiste de la réalité ; ce que veulent les lettrés, c'est une traduction personnelle et expressive. Ce qui intéresse la foule, c'est le mensonge heureux de cette traduction, c'est-à-dire autre chose que l'art : ce qui plaît aux habiles, c'est cette traduction elle-même, c'est-à-dire l'art tout seul.

La plupart des chefs-d'œuvre sont tristes. Ce qui nous reste du théâtre grec nous montre la vie sous un jour fort sombre : car le Destin y règne et les passions fatales. Presque toutes les tragédies d'Euripide ont des dénouements malheureux (de quoi Aristote le loue grandement). Les drames de Shakspeare ne finissent pas mieux. Presque toutes les tragédies de Racine se terminent de la plus lugubre façon. Et l'on sait que, de nos jours, ce goût de la vérité lamentable, soit brutale, soit tragique, a envahi toute la littérature.

Mais ce goût, comme vous pensez bien, n'est guère celui de Corneille. S'il a pu admettre un instant les dénouements fâcheux pour la vertu, ce n'est qu'avec répugnance; et il nous avoue tout de suite qu'il préfère les autres : « L'intérêt qu'on aime à prendre pour les vertueux a obligé d'en venir à cette autre manière de finir le poème dramatique par la punition des mauvaises actions et la récompense des bonnes... En effet, il est certain que nous ne saurions voir un honnête homme sur notre théâtre, sans lui souhaiter de la prospérité et nous fâcher de ses infortunes. »

Ici donc Corneille redevient « peuple ». Ces héros si beaux, si grands par la volonté, si supérieurs aux passions, il n'a pas le courage de les voir malheureux jusqu'au bout. Ou bien, si quelques-uns succombent, ils nous inspirent beaucoup plus d'admiration que de pitié, tant ils se sont donnés pour invulnérables, tant ils sont cuirassés d'un triple airain, tant ils semblent jouir de leur propre force jusque dans la mort, et tant les vaincus, dans ce théâtre héroïque, gardent des attitudes de vainqueurs !

Cet optimisme irréductible et superbe de Corneille est un des traits les plus caractéristiques de son génie.

Et voici précisément, « la troisième utilité » du poème dramatique. Dans cette sorte de dénouements, « le succès heureux de la vertu, en dépit des traverses

et des périls, nous excite à l'embrasser; et le succès
funeste du crime ou de l'injustice est capable de nous
en augmenter l'horreur naturelle, par l'appréhension
d'un pareil malheur ».

Enfin, « la quatrième utilité consiste en la purgation
des passions par le moyen de la pitié et de la crainte ».
Mais cette fameuse « purgation », Corneille en renvoie
l'explication à son second *Discours*.

Il passe alors à l'examen des diverses « parties du
poème ». « Les unes, dit-il, sont appelées parties de
quantité ou d'extension, et Aristote en nomme quatre :
le prologue, l'épisode, l'exode et le chœur. Les autres
se peuvent nommer des parties intégrantes, qui se
rencontrent dans chacune de ces premières pour for-
mer tout le corps avec elles. Ce philosophe en trouve
six : le sujet, les mœurs, les sentiments, la diction, la
musique et la décoration du théâtre. »

Mais nous sommes les gens d'aujourd'hui et la tragédie française n'est point la tragédie grecque. Où
sont, dans le *Cid* et dans *Polyeucte*, le chœur, l'exode
et la musique ? Corneille ne paraît point se douter
que les divisions d'Aristote (dont quelques-unes,
d'ailleurs, sont purement formelles) ne sauraient s'appliquer toutes à notre théâtre. Du moins, il n'en
souffle mot. Il est vrai que, sans rien dire, il laisse de
côté les « parties de quantité », et qu'il ne garde, des

« six parties intégrantes », que le sujet, les mœurs et les sentiments.

Quelles sont donc les conditions du sujet pour la tragédie? Écoutez et pesez; car cette déclaration est infiniment précieuse pour l'intelligence du théâtre de Corneille :

« La dignité de la tragédie demande quelque grand intérêt d'État, ou quelque passion plus noble et plus mâle que l'amour, telles que sont l'ambition ou la vengeance, et veut donner à craindre des malheurs plus grands que la perte d'une maîtresse. Il est à propos d'y mêler l'amour, parce qu'il a toujours beaucoup d'agrément et peut servir de fondement à ces intérêts et à ces autres passions dont je parle; mais il faut qu'il se contente du second rang dans le poème et leur laisse le premier. »

Une fausse et froide conception de l'amour, une fausse et un peu grossière conception de la grandeur, voilà ce qu'il y a au fond de cette déclaration, et ce qui explique les trois quarts des tragédies de Corneille

Partout chez lui, excepté dans *Horace*, dans *Polyeucte*, et surtout dans le *Cid* (qui est peut-être, en un sens, la moins « cornélienne » de ses tragédies), c'est la même sorte d'amour que dans la *Clélie* ou la *Cléopâtre*, un amour raisonneur et pédant, sans trouble ni tendresse, un amour dont le propre est d'être toujours subordonné à un autre sentiment, à une autre passion ou à quelque préjugé. Les amoureuses ont

des exigences incroyables. Dans *Pertharite*, Edwige
dit à Garibalde :

> L'amant est trop payé quand son service oblige...
> Le véritable amour jamais n'est mercenaire ;
> Il n'est jamais souillé de l'espoir du salaire...
> Faites-moi triompher au hasard de vous nuire...
> Vous m'aurez faite heureuse, et c'est assez pour vous.

Voyez encore, dans *Suréna*, *Tite et Bérénice*, *Othon*,
l'étrange conduite d'Eurydice, de Bérénice et de Camille.

C'est que Corneille, comme nous l'avons vu, estime
l'amour trop peu « noble » et trop peu « mâle » pour
la tragédie. Comme s'il n'y avait de tragique que ce
qui est mâle et noble ! « La perte d'une maîtresse » lui
semble un malheur médiocre. Mais si elle est éperdu-
ment aimée, il n'est pas de pire malheur ! Je n'en
veux pour témoin que *le Cid*. — Hélas ! Corneille
oublie Rodrigue et Chimène ; Corneille en vient à dé-
daigner l'amour. Il ne considère comme « grandes,
nobles et dignes de la tragédie » que les passions qui
entraînent des événements considérables et des boule-
versements publics. J'oserais presque dire que l'ambition politique lui semble une passion plus « noble »
que l'amour, parce qu'un royaume est plus grand
qu'une femme. Il finit par se faire de la grandeur une
idée toute matérielle et quelque peu puérile. Ce qui
est tragique à ses yeux n'est pas ce qui émeut, mais
ce qui étonne. La passion la plus belle n'est pas pour
lui celle qui a le plus de violence intime, mais celle

qui peut avoir le plus de conséquences extérieures.

Aussi voyez : l'amour triomphait dans *le Cid*; il était vaincu dans *Polyeucte*, mais non sans résistance : à partir de *Pompée*, il ne résiste même plus. Pas une femme qui mérite ce nom; il ne nous montre plus que des âmes d'une virilité démesurée.

> La tendresse n'est point de l'amour d'un héros...
> Un peu de dureté sied bien aux grandes âmes.

Ce n'est plus qu'ambition emphatique, orgueil du sang, soif du pouvoir, fureur de vengeance. Plus d'amour, partant plus d'obstacle aux passions « mâles » : plus de psychologie; plus de peintures des âmes partagées entre des sentiments contraires. Presque tous les personnages, simplifiés à l'excès, se ressemblent; presque tous sont des monstres de volonté, moins pareils à des créatures vivantes qu'à des statues marchant droit devant elles d'un seul bloc...

En réalité, cette préférence de Corneille pour les « passions mâles » s'explique assez par ce qu'il y avait de fier et même d'un peu dur et morose dans son génie, et par une austérité native que la dévotion vint accroître encore dans la dernière période de sa vie. Il n'avait donc qu'à dire que c'était là son goût. Mais, comme il a toujours besoin de s'appuyer sur quelque autorité pour oser être de son avis, il ajoute : « Cette maxime semblera nouvelle d'abord; elle est toutefois de la pratique des anciens, chez qui nous ne voyons aucune tragédie où il n'y ait qu'un intérêt

d'amour à démêler. Au contraire ils l'en bannissaient
souvent... »

Corneille oublie d'abord plusieurs tragédies d'Euripide. Puis, ici comme ailleurs, il semble n'avoir
presque aucun soupçon de la différence des temps et
des civilisations. A vrai dire, il n'y a pas beaucoup
plus d'un siècle que cette différence est clairement et
vivement sentie par la portion la plus intelligente de
l'humanité. Corneille oublie quelles avaient été à
Athènes les origines de la tragédie; quelle y était la
condition des femmes; enfin, que les légendes déve-
loppées par les tragiques grecs remontaient à une
époque où l'amour ne tenait pas une très grande
place dans une société encore primitive... Il est étrange
que, pour établir quelle doit être la part respective
des diverses passions dans le théâtre moderne, on
aille invoquer les peintures d'une humanité d'il y a
trois mille ans!

Cependant, à prendre en lui-même le sentiment de
Corneille, il est probable qu'il y a en effet, de par le
monde, des passions aussi intéressantes que l'amour.
On est parfois impatienté de voir à quel point il a
envahi la littérature dramatique et romanesque, et
l'on se dit : Voyons! est-il bien vrai que l'amour joue
ce rôle prépondérant dans la vie des malheureux
mortels? Est-il vrai qu'il soit le fond même de mon
existence et de celle de mes voisins? N'y a-t-il pas dans
la grande mêlée humaine d'autres instincts, d'autres
intérêts et d'autres drames que ceux de l'amour? Et

l'on est pris de doutes. *Macbeth*, *Hamlet*, *le Roi Lear* ne
sont point des histoires d'amour, non plus que la moitié
des romans de Balzac... Oui, mais l'acte par lequel
la race se perpétue, les relations des sexes et tous les
sentiments qui naissent de là n'en forment pas moins,
par la force des choses, une part essentielle et éter-
nelle de la vie de l'humanité. Ils précèdent d'ailleurs,
dans l'existence de la plupart des hommes, les sentiments qui dérivent du besoin ou du désir de se
conserver, de posséder, de dominer. La lutte pour la
vie, sous ses diverses formes, a évidemment pour
condition la vie elle-même, dont la perpétuité est
assurée par l'amour. Même, les drames de l'amour
sont toujours mêlés, plus ou moins directement, aux
drames des autres passions. Presque tous les plus
vieux poèmes ont pour point de départ l'enlèvement
d'une femme. L'amour n'est pas absent de *Macbeth* que
je citais tout à l'heure; l'adultère est aux origines
d'*Hamlet* et de l'*Orestie*. Enfin l'amour, quoique la
littérature en ait abusé, et quoique la peinture d'autres
passions puisse paraître plus intéressante à un artiste
réfléchi, n'en garde pas moins un charme invincible,
et qui nous sollicite et nous chatouille au plus profond
de notre sensibilité. Les chefs-d'œuvre les plus aimés,
sinon les plus surprenants, sont encore des histoires
d'amour.

Néanmoins, on pourrait s'associer à Corneille récla-
mant pour la tragédie des passions plus « mâles »
que l'amour et plus « dignes » d'elle, s'il l'en avait

lui-même entièrement exclu, ou si, l'y admettant, ne fût-ce qu'au second rang, il nous l'avait su peindre de couleurs vivantes et vraies. Mais il l'introduit dans les sujets qui l'appellent le moins, et jusque dans cette terrible histoire d'OEdipe. Et quel amour! Le plus faux, le plus pédant, le plus glacial, le moins amoureux. Nul poète n'a prêté à l'amour un langage plus précieux ni plus alambiqué que ce rude contempteur de l'amour.

Outre la tragédie et la comédie, Corneille définit une espèce de drame qui tient de l'une et de l'autre : la comédie héroïque. « Bien qu'il y ait, dit-il, de grands intérêts d'État dans un poème, et que le soin qu'une personne royale doit avoir de sa gloire fasse taire sa passion, comme en *Don Sanche*, s'il ne s'y rencontre point de péril de vie, de perte d'États ou de bannissement, je ne pense pas qu'il ait le droit de prendre un nom plus relevé que celui de comédie; mais pour répondre aucunement à la dignité des personnes dont celui-là représente les actions, je me suis hasardé d'y ajouter l'épithète d'héroïque, pour le distinguer d'avec les comédies ordinaires. Cela est sans exemple parmi les anciens. » — Ces lignes ne sont-elles pas admirables de scrupule, de bonhomie, de prudhomie et, vers la fin, de naïf contentement de soi? Et, ce qui est plus singulier, Corneille, que nous verrons, dans ses deux autres *Discours*, s'entêter à respecter les règles les plus douteuses et les plus sibyllines posées par Aris-

tote, invente ici tout un genre inconnu de l'antiquité
(du moins, il croit l'inventer, car on avait fait des
« comédies héroïques » avant *Don Sanche*), — et il s'en
montre fier ! Quel divertissant mélange de timidité et
de hardiesse, d'humilité et d'orgueil, d'inintelligence
et de génie !

Maintenant, Corneille a-t-il songé à une combinaison
dramatique inverse, où l'action serait tragique, les
personnages appartenant au monde de la comédie?
C'est ce que nous verrons dans le second *Discours*. En
attendant, Corneille, après sa digression sur la comédie
héroïque, conclut ainsi : « La comédie diffère donc en
cela de la tragédie, que celle-ci veut pour son sujet
une action illustre, extraordinaire, sérieuse; celle-là
s'arrête à une action commune et enjouée. »

Certes, c'est déjà très bien d'avoir distingué la
comédie de la tragédie par la nature même de l'action
et non, comme l'avait fait Aristote (dans une phrase
d'ailleurs obscure) par la condition des personnages.
Mais, ô vanité des formules, que l'art déborde toujours
par quelque endroit, dans ses transformations insen-
sibles et fatales! non seulement la définition de Corneille ne s'applique plus au théâtre d'aujourd'hui
(puisque la tragédie a disparu, absorbée par la comédie) : elle ne s'applique même pas aux tragédies de
Racine. Car, on en a fait souvent la remarque, si vous
changez les noms royaux des personnages, l'action,
chez Racine, n'a jamais rien d' « illustre » ni surtout
d' « extraordinaire ». Une femme abandonnée pour

une autre (*Andromaque*); la lutte d'un fils et d'une
mère ambitieuse (*Britannicus*); deux amants qui se
séparent pour des raisons de convenance (*Bérénice*);
une fille qu'un père sacrifie à son ambition (*Iphigénie*); un homme entre deux femmes (*Bajazet*); un fils
rival de son père (*Mithridate*); même une femme amoureuse de son beau-fils (*Phèdre*)... ce sont, en somme,
événements de la vie courante, et qui n'exigent que
des concours de circonstances des plus communs.

Mais en revanche, comme cette définition est bien
accommodée aux tragédies de Corneille! Un homme
amoureux d'une jeune fille dont il a tué le père; un
autre que son devoir oblige à se mesurer avec son
beau-frère en combat singulier; un gendre condamné
à mort par son beau-père... voilà qui n'est pas commun, au moins! Et que dirons-nous de *Pertharite*, de
Rodogune ou d'*Héraclius*? Corneille a naturellement
un faible pour ces situations compliquées ou bizarres;
mais, de plus, elles sont nécessaires à ses héros, tels
qu'il les conçoit et les aime, pour que la force sur-
humaine de leur volonté ait de quoi se déployer tout
entière et pour qu'ils puissent se créer des devoirs
égaux à leur énergie morale. Ainsi la définition qui
nous occupe, si elle n'est pas fort juste, est bien franchement cornélienne, et, du reste, comme elle ne vise
que le « sujet » de la tragédie, elle ne conviendrait
pas mal au drame romantique.

De l'action, Corneille passe aux « mœurs » qui sont

la seconde « partie intégrante » du poème dramatique. Les mœurs, ce sont les habitudes et les caractères des personnages. Ici, le texte d'Aristote commence à embarrasser sérieusement Corneille.

« Aristote, dit-il, prescrit aux mœurs quatre conditions : *qu'elles soient bonnes, convenables, semblables et égales*. Ce sont des termes qu'il a si peu expliqués, qu'il nous laisse grand lieu de douter de ce qu'il veut dire. »

Les mœurs doivent d'abord être « bonnes », ou, plus exactement, « très bonnes » ou « les meilleures possible » (*chrésta*). Qu'est-ce que cela signifie? Mystère.

Corneille prend sa tête dans ses mains, et entrevoit deux explications. Je donne d'abord la moins plausible.

Peut-être Aristote a-t-il voulu dire que les mœurs des personnages tragiques « doivent être vertueuses tant qu'il se peut, en sorte que nous n'exposions point de vicieux ou de criminels sur le théâtre si le sujet que nous traitons n'en a besoin. Il donne lieu lui-même à cette pensée, lorsque, voulant marquer un exemple d'une faute contre cette règle, il se sert de celui de Ménélas dans l'*Oreste* d'Euripide, dont le défaut ne consiste pas en ce qu'il est injuste, mais en ce qu'il l'est sans nécessité ».

Là-dessus Corneille paraît un peu rassuré, mais il ne fait pas attention qu'en tout cas Aristote a fort mal choisi son exemple. Car, si vous relisez la pièce d'Euripide (qui est, à vrai dire, un mélodrame assez dé-

cousu), vous y verrez que la dureté de Ménélas, dans
la première partie, n'est point inutile à l'action, puisque c'est elle qui explique les extrémités où se porte
le désespoir d'Oreste dans la dernière partie.

J'ai peur, d'un autre côté, que cette explication ne
vous paraisse saugrenue. Voyez-vous un auteur dramatique se demandant avec inquiétude si ses personnages ne seraient pas d'aventure un peu plus méchants ou vicieux que ne l'exige, à la rigueur, la
fable qu'il développe? Et pourquoi s'arrêter en chemin? Si la peinture des vicieux et des méchants doit
toujours avoir pour excuse les nécessités de l'action,
c'est donc que cette peinture ne saurait être justifiée
par l'amour de la vérité et de l'art, c'est donc qu'elle
est condamnable en elle-même; et alors, pour être
logique, il faudrait interdire au poète dramatique tout
sujet qui ne met pas uniquement en scène des personnages vertueux?

Heureusement, Corneille trouve une autre explication de ce terrible *chrèsta*. Il s'agit, dit-il, de découvrir une espèce de « bonté » compatible même avec
le vice ou le crime. Or, « s'il m'est permis de dire mes
conjectures sur ce qu'Aristote nous demande par là,
je crois que c'est le caractère brillant et élevé d'une
habitude vertueuse ou criminelle, selon qu'elle est
propre et convenable à la personne qu'on introduit ».

Corneille appuie cette interprétation sur un passage
d'Aristote, qui n'est déjà pas très clair, — oh! non,
— et que sa traduction obscurcit encore : « La poésie

est une imitation de gens meilleurs qu'ils n'ont été, et, comme les peintres font souvent des portraits flattés, qui sont plus beaux que l'original, et conservent toutefois la ressemblance, ainsi les poètes, représentant des hommes colères ou fainéants, doivent tirer une haute idée de ces qualités qu'ils leur attribuent, en sorte qu'il s'y trouve un bel exemplaire d'équité ou de dureté; et c'est ainsi qu'Homère a fait Achille bon. »

Comprenez-vous ces dernières lignes?... Moi non plus. Reportez-vous au texte grec, vous verrez que la fin en est à peu près inintelligible, et que plusieurs mots ont dû y être changés par quelque copiste ahuri. Néanmoins, ce qui ressort de tout le passage, c'est que le poète doit, comme le peintre, « idéaliser » ses modèles, qu'ils soient, dans la réalité, beaux ou laids. Lors donc qu'Aristote écrit : « Les mœurs doivent être le meilleures possible », entendons : « Vertueux ou criminels, les personnages de la tragédie doivent toujours avoir de la grandeur, de la race, et, comme nous disons aujourd'hui, de l'allure. »

Cette interprétation est un peu libre, mais elle est cornélienne, et c'est tout ce qui nous intéresse ici.

Cette fierté d'allure, en effet, ce « caractère brillant et élevé d'une habitude criminelle ou vertueuse », vous les trouvez chez tous les principaux personnages de notre poète.

Lui-même nous en apporte un exemple : « Cléopâtre, dans *Rodogune*, est très méchante: il n'y a point de parricide qui lui fasse horreur, pourvu qu'il la puisse conserver sur un trône qu'elle préfère à toutes choses, tant son attachement à la domination est violent: mais tous ses crimes sont accompagnés d'une grandeur d'âme qui a quelque chose de si haut, qu'en même temps qu'on déteste ses actions, *on admire la source dont elles partent.* » Et Cléopâtre aussi s'admire; elle considère avec satisfaction l'énormité et la subtilité de ses propres forfaits; elle se conjouit et s'étale dans le sentiment de sa perversité. Jamais on n'a mis tant d'emphase et de rhétorique dans le crime. Et le poète à son tour admire Cléopâtre, estime que sa scélératesse est « un beau cas », et a grand soin qu'elle tombe, à la fin, superbement et d'une façon digne d'elle. Voyez aussi sa Médée, — et, dans *Théodore,* cette atroce Marcelle, qui est absolument conçue comme un personnage de Victor Hugo, car cette Gorgone effroyable est la plus tendre des mères et n'a d'humain que son amour pour sa fille malade...

A côté des personnages criminels, voici les vertueux. En vérité, on dirait presque que ce sont les mêmes, tant ils ont d' « allure », eux aussi, et tant le « caractère » de leur vertu est « brillant et élevé ». Car la vertu, chez Corneille, est aussi emphatique et inhumaine que le crime. L'héroïsme modeste, celui de Junie ou de Monime, lui semble peu tragique. Il lui faut, comme nous avons vu, des devoirs exorbitants, qui demandent un déploiement formidable de

volonté. Il admire, il aime Émilie, cette furie qui
tourne contre Auguste les bienfaits dont il l'a com-
blée et qui poursuit la vengeance de son père par
la plus lâche des trahisons. Il admire la vertueuse
princesse Rodogune, au moment même où elle déclare à Antiochus et à Séleucus qu'elle épousera
celui des deux qui tuera sa mère. Quand Rodelinde
imagine de faire tuer son fils par Grimoald, afin de
rendre ce tyran odieux, on sent que Corneille ne se
tient pas d'admiration devant une mère aussi fortement trempée. — Oui, le bon Corneille aime les beaux
monstres. Le bon Corneille n'aime que la force et l'orgueil. Le bon Corneille finit par admirer la volonté
toute pure, indépendamment des œuvres où elle s'applique. Tandis qu'il cherche des héroïsmes extraordinaires, il en invente d'abominables, sans trop s'en
douter, la beauté de l'effort en lui-même l'aveuglant
sur tout le reste et lui faisant perdre enfin la juste
notion du bien et du mal. On a reproché à certains
poètes et romanciers de notre temps de nous montrer
de si beaux scélérats ou des héros d'une vertu si indé-
pendante et si hardie, que de pareilles imaginations
risquent fort d'altérer en nous la conscience morale et
le sentiment du devoir. Eh bien! je vous jure que, si
Corneille n'était pas vieux de plus de deux siècles et
si on lisait tout son théâtre, ce bonhomme austère et
naïf encourrait en plein le même reproche. Mais que
voulez-vous? Il avait pour lui Aristote. *Ethé chrêsta!*
C'est très curieux.

2

« En second lieu, les mœurs doivent être convenables. Cette condition est plus aisée à entendre que la première. Le poète doit considérer l'âge, la dignité, la naissance, l'emploi et *le pays* de ceux qu'il introduit, etc... » On sait que Corneille se piquait de mettre dans ses tragédies ce qu'on a appelé « la couleur locale »; mais, tandis qu'il se moquait des Turcs de Racine (dans *Bajazet*), il ne s'apercevait pas que ses Romains à lui n'étaient que des Français du temps de Louis XIII ou de la Fronde. J'ai déjà dit qu'on n'avait pas alors, au même degré qu'aujourd'hui, l'intelligence du passé, le sentiment et le goût de l'exotique, la notion de la variété profonde des types humains. Et pourtant, même dans le drame romantique, la couleur locale reste tout extérieure, et, comme on l'a remarqué, Hernani, Didier et Ruy Blas sont bien des hommes de 1830. C'est que le théâtre exprime toujours, bon gré mal gré, l'esprit et les mœurs des contemporains. Au fait, la plupart des drames historiques, si la « couleur locale » y était exacte et complète et, par delà les habits, s'étendait jusqu'aux âmes, deviendraient par là même inintelligibles à la foule.

Corneille ressasse alors les lieux communs d'Horace sur ce que le poète doit savoir et sur les mœurs de l'enfance, de la jeunesse, de l'âge mûr et de la vieillesse. Il remarque avec raison que « ce qu'Horace dit des mœurs de chaque âge n'est pas une règle dont on ne se puisse dispenser sans scrupule : il fait les jeunes

gens prodigues et les vieillards avares ; le contraire
arrive tous les jours sans merveille. » Corneille aurait
pu alléguer à ce propos ses vieillards amoureux, son
Sertorius et son Martian (dans *Pulchérie*). *Les Faux
bonshommes*, le *Père prodigue*, la *Famille Benoîton*, et
combien d'autres comédies ! donneraient aussi de
jolis démentis au petit développement d'Horace sur
les quatre âges. Horace n'en a pas moins raison,
— en général : mais justement il abuse un peu de
ces vérités si générales et si incontestées qu'elles ne
valaient peut-être pas la peine d'être énoncées.

« La qualité de semblables, qu'Aristote demande
aux mœurs, regarde particulièrement les personnes
que l'histoire ou la fable nous fait connaître, et qu'il
faut toujours prendre telles que nous les y trouvons. »
Corneille insiste peu là-dessus. Il aurait pu faire observer que le poëte dramatique, lorsqu'il emprunte à
l'histoire un personnage très connu, est tenu de le
montrer, non pas précisément tel qu'il a été, mais tel
que la foule se le figure (à moins qu'il n'ait assez de
génie pour transformer l'opinion du public sur ce
point). Ainsi Auguste et Sertorius sont plus grands
et plus généreux chez Corneille qu'ils n'ont été en
réalité. On serait assez mal venu aujourd'hui de
mettre à la scène le vrai Cid, c'est-à-dire un chef
de bande féroce et pillard, et qui se battait tour
à tour pour le compte des Maures et du roi d'Es-
pagne... Mais M. Francisque Sarcey a surabon-

damment, et à plusieurs reprises, démontré ces vérités.

« Il reste à parler de l'*égalité*, qui nous oblige à conserver jusqu'à la fin à nos personnages les mœurs que nous leur avons données au commencement. *Servetur ad imum*... Il va sans dire qu'il ne s'agit ici que de la permanence du caractère, et que cette permanence n'exclut point les changements dans les sentiments, repentirs, conversions, etc. »

« Il se présente une difficulté à éclaircir touchant ce qu'entend Aristote lorsqu'il dit que la tragédie se peut faire *sans mœurs*, et que la plupart de celles des modernes de son temps n'en ont point. »

« Une tragédie sans mœurs », qu'est-ce que cela peut bien être? Corneille se donne beaucoup de mal pour trouver une assez mauvaise explication. Il se souvient d'un autre passage d'Aristote : « ... J'ai remarqué que ce philosophe dit ensuite que, si un poète a fait de belles narrations morales et des discours bien sententieux, il n'a fait encore rien par là qui concerne la tragédie... C'est donc de ces maximes que la tragédie peut se passer. »

Qui ne voit que Corneille entend le mot *éthé* (mœurs) tout autrement qu'il n'avait fait jusque-là? Et qui ne s'aperçoit qu'il traduit fort mal, par « belles narrations morales », le *rhéxeïs éthicas* d'Aristote? Il me semble pourtant que la pensée du philosophe grec était, par exception, assez aisée à comprendre. Sauf erreur,

Aristote a simplement voulu dire que la tragédie se passe facilement de caractères profondément étudiés ou fortement individuels. C'était ainsi de son temps; et c'est encore ainsi du nôtre. Le drame et le mélodrame, qui ont remplacé la tragédie, n'emploient guère que des types généraux et souvent conventionnels : la mère, la fille séduite, le beau ténébreux, le traître, la femme fatale, le vieux soldat, etc... Telle pièce, où il n'y a pas un brin d'observation ni de vérité, pourra vous retenir par la seule vertu des situations et des passions. Nous touchons ici à l'essence même de l'art dramatique. L'objet du théâtre est de représenter l'individu *agissant*, et, par suite, de nous le montrer, non point tel qu'il est en lui-même, mais tel qu'il se comporte dans ses relations avec d'autres hommes et sous l'influence de circonstances accidentelles. Maintenant, si l'auteur dramatique est un observateur et un psychologue, s'il est capable de nous faire connaître jusqu'au fond un caractère, une âme originale, dans le court moment où cette âme réagit contre tel ou tel accident extérieur, il est bien évident que l'œuvre en aura plus de prix. Mais, si ce mérite est le plus beau, il n'est pas le plus indispensable. Bref, le théâtre nous intéresse, non point précisément par la peinture des hommes, mais d'abord par des situations, puis par les sentiments de ceux qui s'y trouvent impliqués...

Corneille arrive alors aux « parties d'extension »

2.

du poème dramatique, ou, pour parler plus uniment,
à ses divisions. Il dit là-dessus des choses raisonnables.
Pourtant il continue d'assimiler plus qu'il ne faudrait
la tragédie antique à la nôtre; et il ramène un peu
arbitrairement notre premier acte au *prologue* des
pièces grecques, nos trois actes du milieu à leur
épisode, et notre dernier acte à leur *exode*. Du reste,
il ne lui vient même pas en pensée qu'une tragédie
puisse avoir plus ou moins de cinq actes. Ce nombre
de cinq lui paraît sacré. Plus tard, Racine se conten-
tera de trois actes dans *Esther*; mais c'est qu'il tra-
vaillera pour un théâtre de petites filles. Cela permettra
du moins à Voltaire d'écrire quelques tragédies en trois
actes. Mais il n'y a pas, je crois, plus de soixante ans
qu'on a osé faire des pièces en quatre actes, ou en
deux. Tant il est vrai que les règles durent, non point
parce qu'elles sont fondées en raison, mais parce
qu'elles sont les règles !

Et cependant l'étude même de cette antiquité, d'où
il croyait que ces règles nous étaient venues, aurait
dû avertir Corneille de leur vanité, de leur caractère
de contingence. Par exemple, il rencontre en chemin
les « prologues » d'Euripide et de Plaute. Vous savez
ce que sont ces prologues : un acteur s'avance sur la
scène, indique aux spectateurs le sujet de la pièce et
leur en fait même un court résumé pour qu'ils puissent la suivre plus facilement. Comme cette convention ne semble pas avoir été générale dans le théâtre
antique, Corneille ose la condamner. Pourquoi? Elle

a été légitime tant qu'elle a été acceptée par le public.
Notre critique ne paraît point se douter qu'à part un
petit nombre de lois imposées par la forme même de
l'œuvre dramatique, il n'y a point, au théâtre, de
règles universelles et nécessaires, mais seulement des
conventions qui durent plus ou moins, qui varient
avec les temps et les pays...

Voici, en revanche, quelques réflexions sensées.
Corneille veut que les personnages secondaires qui au
premier acte font des récits ou écoutent ceux des
autres, soient dans une certaine mesure mêlés à l'action et aient un peu l'air de créatures vivantes. Lui-
même a essayé parfois de faire vivre les confidents :
c'est ainsi qu'il a donné à la servante Stratonice (dans
Polyeucte) une assez bonne figure de femme du peuple.
Racine n'a pas eu de ces scrupules : il nous donne
franchement et tranquillement les confidents pour ce
qu'ils sont, pour de simples machines, très commodes.
— Enfin, Corneille nous dit que le dénouement doit
être rejeté tout entier dans le cinquième acte, — et
même reculé le plus possible vers la fin. Ceci, en
réalité, n'est pas trop dans l'usage des. anciens.
C'étaient gens patients que l'action la plus simple in-
téressait et qui, l'action finie, continuaient d'écouter
les personnages. Après que Jocaste s'était pendue et
qu'Œdipe s'était crevé les yeux, ils étaient ravis
d'entendre encore, pendant dix bonnes minutes, les
lamentations du malheureux roi, les propos qu'il
échange avec Créon; et les réflexions du chœur. Nous

sommes plus pressés : dès que le drame est dénoué, nous ne voulons plus rien entendre, et c'est parmi le bruit des banquettes que les personnages meurent ou se marient. Corneille a donc raison. Il finit sur un précepte excellent, — et qui n'est pas dans Aristote! Il faut lui en savoir gré.

SECOND DISCOURS

De la tragédie et des moyens de la traiter selon le vraisemblable et le nécessaire.

Vous vous rappelez qu'au début du premier *Discours* Corneille réservait la « quatrième utilité du poème dramatique », comme étant surtout propre à la tragédie. Nous la retrouvons donc ici, cette « quatrième utilité ». Elle est à peu près inintelligible. Elle consiste, suivant une phrase célèbre d'Aristote, dans la « purgation des passions ».

Certes, il n'est pas une phrase, dans l'antiquité ni dans les temps modernes, qui ait fait couler tant de flots d'encre, qui ait été tant et si inutilement commentée, qui ait fait perdre tant d'heures à d'honnêtes gens, qui leur ait fait dire tant de sottises, ni qui ait été l'occasion d'une si profonde et si vaine matagrabolisation des cervelles d'érudits. On a écrit sur cette phrase des volumes entiers. On a dépensé à l'expliquer des trésors de patience, de subtilité, — et quelquefois d'intelligence. On y a trouvé cinq ou six sens différents, comme vous pouvez le voir par la belle étude d'Egger, qui résume tout l'historique de la question et tranche, peut s'en faut, la question elle-même... Ce qui me ravit, c'est de songer que cette phrase, sur laquelle devaient pâlir, à travers les siècles, tant de savants naïfs, Aristote l'a sans doute griffonnée un soir à la façon d'un simple *memento*; car elle est incomplète et mal construite, elle offre une image bizarre et non préparée, et elle est toute pareille enfin à ces notes, intelligibles pour nous seuls, que nous jetons sur un carnet pour nous rappeler plus tard une idée qui nous a traversé l'esprit. Et c'est sur cette note de calepin, rédigée en style hiéroglyphique et télégraphique, et qu'Aristote lui-même aurait peine à déchiffrer aujourd'hui, c'est sur ce gribouillage que des âmes simples et sérieuses ont entassé des in-folios ! Cela en devient amusant. C'est tout au moins une des menues ironies où se complaît le Chorège éternel.

Cette fameuse phrase, en voici la traduction littérale : « La tragédie, par la pitié et la crainte, opère la purification des passions de ce genre. »

Cela n'est pas très lumineux. Je crois qu'il faut entendre : « La tragédie, en nous inspirant la pitié ou la crainte, épure en nous ces passions et toutes celles du même genre qu'elle nous fait ressentir. » Plus simplement, et en supprimant la mention de la pitié et de la crainte, qui ne sont citées ici que *comme exemple* (le *tôn toïoutôn* le prouve bien) : « La tragédie purifie les passions qu'elle nous fait éprouver, ou plutôt ne nous les fait éprouver que purifiées. »

Purifiées de quoi? Vraiment, cela ne peut avoir qu'un sens. « Purifiées », entendez exemptes de la douleur et du trouble profond qu'elles nous apporteraient si elles étaient excitées en nous par des événements réels. Car d'abord, au théâtre, si grande que soit l'illusion, elle ne nous fait jamais oublier que les souffrances auxquelles on assiste sont fictives. Nous éprouvons seulement ce qu'il y a d'agréable dans la sympathie : le sentiment d'une vie différente de la nôtre. Nous goûtons ce qu'il y a d'allégement dans la sécurité du *Suave mari magno* .., non ce que cette sécurité a d'inhumain. Nous ne sentons dans l'émotion que le plaisir de la vie multipliée, tout le reste étant éliminé (*katharsis*), à savoir : l'élément douloureux et l'élément immoral, la souffrance et l'égoïsme. Ajoutez qu'ainsi « épurées », les passions que l'œuvre dramatique nous fait ressentir sont encore accompagnées d'une émotion purement esthétique qui les contient, les empêche de nous maîtriser et de nous accabler; car, dans le même temps que nous sommes remués par la pitié ou par l'attente anxieuse, par l'amour ou par la colère, nous avons le sentiment de la beauté de l'œuvre, de la convenance et de l'harmonie de la forme, et ainsi, n'étant jamais tout entiers à la passion provoquée, nous n'en pouvons souffrir réellement.

Il ne s'agit donc point, dans la phrase d'Aristote, de « purification » en vue du perfectionnement moral, mais en vue du plaisir esthétique. Tout au plus

pourrait-on dire que, notre sensibilité s'exerçant et
s'usant, au théâtre, sur des malheurs fictifs, nous en
sortons mieux préparés à supporter les malheurs réels.
La tragédie serait alors pour nous comme un dérivatif
de la sensibilité. Elle nous habituerait à l'idée des
fatalités qui pèsent sur les hommes et, tout en assou-
vissant par une image ramassée de ces fatalités notre
« désir de larmes », elle nous fortifierait contre elles,
et nous serait une école de courage et de résignation...
Mais je doute un peu qu'Aristote en ait songé si long.

Or, voici comment Corneille interprète la phrase
qui nous occupe. Pour lui, Aristote a voulu dire, non
point que la tragédie purifie, c'est-à-dire rend inof-
fensives pour les spectateurs la pitié, la terreur et les
autres passions qu'elle lui communique, mais (ce qui
est bien différent) que la tragédie, en inspirant au
spectateur la terreur et la pitié, *le purge* des mauvaises
passions qui ont causé le malheur des personnages
qu'il a sous les yeux. « La pitié d'un malheur où
nous voyons tomber nos semblables nous porte à la
crainte d'un pareil pour nous; cette crainte au désir de
l'éviter; et ce désir à purger, modérer, rectifier, et
même déraciner en nous la passion qui plonge à nos
yeux dans ce malheur les personnes que nous plai-
gnons, par cette raison commune, mais naturelle et
indubitable, que pour éviter l'effet il faut retrancher
la cause. »

On ne pouvait faire, ce me semble, un contresens
plus radical. Mais Corneille ne se contente pas de

comprendre Aristote tout de travers, et de lui attri-
buer gratuitement un axiome fort déraisonnable : il
ajoute encore à la rigueur de ce précepte supposé. Il
feint de croire que, d'après Aristote, non seulement la
tragédie doit par la crainte et la pitié nous « purger »
des passions mauvaises, mais que la pitié et la crainte
n'y doivent être employées qu'à cela, et qu'il ne suffit
point qu'elles nous émeuvent agréablement, si elles
ne nous corrigent.

Voilà un beau luxe de règles et de chaînes. Comment Corneille va-t-il se tirer de là? Par un mélange
bien curieux de hardiesse et de subtilité. Nous allons
le voir d'abord regimber contre des prescriptions
qu'il a en partie inventées, puis, effrayé de son audace,
introduire dans ces prescriptions tant de *distinguo*,
qu'elles deviendront enfin les plus faciles du monde à
observer.

Aristote, dans un passage qui semble confirmer
l'interprétation que Corneille nous donne de la *katharsis* (mais j'y résiste quand même), dit que les personnages de la tragédie doivent nous ressembler en
quelque manière, n'être, par suite, ni tout à fait bons,
ni tout à fait méchants, et qu'ils doivent être préci-
pités dans le malheur par quelque erreur ou quelque
vice auquel nous soyons nous-mêmes sujets. Et il cite
l'exemple d'Œdipe et celui de Thyeste. — Là-dessus,
Corneille réclame. Il veut bien accepter la loi, mais
il est enchanté de voir qu'elle n'est pas observée ici.
« Œdipe ne me semble faire aucune faute, bien qu'il

tue son père, parce qu'il ne le connaît pas, et qu'il ne fait que disputer le chemin contre un inconnu qui l'attaque avec avantage. Pour Thyeste, je n'y puis découvrir cette probité commune ni cette faute sans crime qui le plonge dans son malheur. Si nous le regardons avant la tragédie qui porte son nom, c'est un incestueux qui abuse de la femme de son frère ; si nous le considérons dans la tragédie, c'est un homme de bonne foi qui s'assure sur la parole de son frère avec qui il s'est réconcilié, etc... »

Aristote, dans le même chapitre, conseille au poète de ne jamais nous mettre sous les yeux les malheurs d'hommes très bons ou très méchants, parce que, dit-il, les premiers excitent la pitié sans profit pour nous, sans retour possible sur nous-mêmes, et les seconds n'excitent aucune pitié. — Que le Stagirite ait tort ou raison, il est certain que le théâtre de Corneille viole constamment ce précepte. Aussi, le vieux poète, sentant que son œuvre est ici en question, s'insurge franchement cette fois, comme un homme qui défend ses foyers et ses autels : « ... L'exclusion des personnes tout à fait vertueuses qui tombent dans le malheur, bannit les martyrs de notre théâtre. Polyeucte y a réussi contre cette maxime, et Héraclius et Nicomède y ont plu, bien qu'ils n'impriment que de la pitié et ne nous donnent rien à craindre ni aucune passion à purger... »

Mais, tout de suite après cet éclat, Corneille rentre en lui-même, et est épouvanté de ce qu'il a fait. Quoi donc? N'a-t-il pas eu le front de résister en face au maître des maîtres? Non, non, Aristote n'a pu se tromper. C'est Corneille qui a mal compris. Il faut absolument trouver un biais par où le texte d'Aristote s'accommode avec le bon sens et avec *Polyeucte* ou *Rodogune*. Le poëte rouennais imagine deux *distinguo*, qu'il nous propose d'un air de vive satisfaction.

Premier *distinguo* : « ... Cependant, quelque difficulté qu'il y ait à trouver cette purgation effective et sensible des passions par le moyen de la pitié et de la crainte, il est aisé de nous accommoder avec Aristote. Nous n'avons qu'à dire que, par cette façon de s'énoncer, il n'a pas entendu que ces deux moyens y servissent toujours ensemble; et qu'il suffit, selon lui, de l'un des deux pour faire cette purgation, etc... »

Deuxième *distinguo* : « Trouvons quelque modération à la rigueur de ces règles du philosophe, ou du moins quelque favorable interprétation... Il ne veut point qu'un homme tout à fait innocent tombe dans l'infortune, parce que, cela étant abominable, il excite plus d'indignation contre celui qui le persécute que de pitié pour son malheur. Il ne veut pas non plus qu'un très méchant y tombe, parce qu'il ne peut donner de pitié pour un malheur qu'il mérite, ni en faire craindre un pareil à des spectateurs qui ne lui ressemblent pas. Mais, quand ces deux raisons cessent, en sorte qu'un homme de bien qui souffre excite plus de pitié pour lui que d'indignation contre celui qui le fait souffrir, ou que la punition d'un grand crime peut

corriger en nous quelque imperfection qui a du rap-
port avec lui, j'estime qu'il ne faut point faire de difficulté d'exposer sur la scène des hommes très vertueux ou très méchants dans le malheur. »

Ouf! Et c'est ainsi que Corneille parvient à sauver
Rodrigue et Polyeucte, Cléopâtre et Phocas, sans
offenser Aristote. Mais il ressort de tout cela que le
philosophe grec fut un grand brouillon, et l'on peut
dire qu'il a parlé du théâtre au petit bonheur. Quand
un personnage vous a pris aux entrailles, vous êtes-
vous jamais demandé s'il était un peu trop bon ou trop
méchant, s'il excitait la pitié sans la crainte ou la
crainte sans la pitié, ou plus de compassion que de terreur, ou plus de terreur que de compassion, et si vous
aviez quelque défaut ou quelque vice égal ou du moins
analogue au sien, et que l'exemple de son malheur
pût « purger » en vous? La grande règle pour le
poëte dramatique est de faire des personnages vivants
et qui soient beaux, « chacun pris dans son air ».
Vous vous rappelez les choses rafraîchissantes que
Molière a dites là-dessus, et qui venaient si à propos,
dans un temps où la cuistrerie était grande. Mais
Corneille lui-même, au commencement de sa labo-
rieuse discussion, nous fait un aveu qui la rendait
inutile : « Si la purgation des passions se fait dans la
tragédie, je tiens qu'elle doit se faire de la façon
que je l'explique, *mais je doute si elle s'y fait jamais.* »

C'est une comédie excellente, au fond, que ce débat

d'Aristote et de Corneille. Il y a vingt-deux siècles, un
Grec s'avise d'écrire ses remarques sur les tragédies
de son temps, c'est-à-dire sur des sortes d'opéras
qu'on jouait et qu'on chantait deux ou trois fois l'an,
les jours de grandes fêtes. Il pouvait avoir lu ou entendu une centaine de ces compositions dramatiques,
— oh! tout au plus, car elles n'étaient pas très nombreuses. Ajoutez qu'elles n'étaient pas très variées par
leur fond : les poètes se repassaient les mêmes sujets
empruntés aux légendes les plus connues. En réalité,
c'est sur une vingtaine de pièces couronnées qu'A-
ristote a ébauché ses petites théories. Or, ces obser-
vations incomplètes et hâtives sur quelques opéras
nationaux d'un petit peuple de trente mille citoyens,
— un bonhomme imagine, deux mille ans après, d'y
chercher des règles pour le théâtre d'un pays de vingt
millions d'habitants, d'origine celtique, germanique
et romaine, partagé en trois classes, monarchique,
chrétien, etc. Et il s'étonne que ces règles ne s'ac-
cordent pas très bien avec ce théâtre ! Ou plutôt il
n'admet pas ce désaccord. Et, en effet, à force d'ar-
guties normandes, il parvient à le résoudre. Et il croit
faire œuvre pie, et il ne soupçonne pas un instant la
vanité profonde de la besogne où il s'est acharné. —
Mais, au fait, cette crédulité, ce respect, cette candeur
sont admirables. Chaque fois que Corneille a pu se
convaincre qu'il n'avait pas manqué aux règles d'A-
ristote, il s'est senti parfaitement heureux. Alors,
pourquoi disais-je que sa besogne était vaine ?

Nous avons vu comment « se purgent » les passions. Corneille cherche maintenant, avec Aristote, quels sont les sujets les plus propres à provoquer la pitié et la terreur, par lesquelles cette « purgation » s'opère. Le philosophe grec a ici toute une série d'axiomes bien surprenants.

« Si quelqu'un, dit-il, poursuit son ennemi et le tue ou cherche à le tuer, cela ne nous inspire aucune pitié, et, par conséquent, n'est nullement tragique. »

Sentiment singulier! Comme si la grandeur même des haines exprimées, et leurs causes, et la façon dont elles se manifestent, ne pouvaient nous intéresser et nous émouvoir! Racine en aurait long à dire là-dessus ; car, au compte d'Aristote, l'action d'*Andromaque*, de *Bajazet* ou d'*Athalie* serait médiocrement tragique, puisque Pyrrhus et Oreste, Roxane et Bajazet, Joad et Athalie ne sont point parents !

Mais Corneille, lui, ne fait ici aucune objection. Et cela ne m'étonne point. Vous vous rappelez qu'il veut pour la tragédie des « actions extraordinaires ». Or, les haines ou les luttes entre des personnes qui ne sont pas du même sang, cela n'est-il pas bien commun ?

Il serait donc tout prêt à admettre ce second axiome : « Il n'y a de vraiment tragique que les luttes entre parents. » Mais tout à coup il s'aperçoit que, si cette condition est à peu près observée dans *le Cid*, dans *Horace*, dans *Polyeucte*, dans *Rodogune*, dans *Héraclius*, elle manque dans presque toutes ses autres tragédies. Comment donc se tirer d'affaire sans offenser Aristote ?

Voici : « Il y a quelque apparence que cette condition n'est pas d'une nécessité plus absolue que celle
dont je viens de parler (Bon ! le voilà maintenant qui
lâche la *katharsis !*) et qu'elle ne regarde que les tragédies parfaites, non plus que celle-là... Je n'entends
pas dire que celles où elle ne se rencontre point soient
imparfaites... Mais, par ce mot de tragédies parfaites,
j'entends celles du genre le plus sublime et le plus
touchant. »

Je crains bien, à ce compte, que ce pauvre Racine
n'ait pas de « tragédie parfaite » (car je ne vois que
Mithridate, où se rencontre la condition dont il s'agit,
et *Mithridate*, n'est point parfait); mais comme le
bon Corneille n'a point voulu dire que les tragédies
qui ne sont point parfaites soient pour cela imparfaites, on peut encore s'accorder.

Donc, cela est entendu; rien ne vaut, pour la tragédie, les haines entre proches. Ici, quatre cas se
présentent.

Premier cas : « On sait qu'on est du même sang
que celui qu'on veut tuer, et on le tue néanmoins.
Cela, dit Aristote, n'est point tragique. »

C'est pourtant ce qui arrive dans la *Médée* d'Euripide, dans l'*Agamemnon* et dans *les Choéphores* d'Eschyle et dans l'*Electre* de Sophocle, des drames qui ont
toujours passé pour assez émouvants.

Deuxième cas : « On tue avant de connaître, et on
ne connaît qu'après avoir tué (comme dans *OEdipe*).
Cela est un peu plus tragique. »

Avec quel mètre ou quelle balance Aristote mesure-t-il ou pèse-t-il ces choses-là? Il cite OEdipe comme exemple. Mais le meurtre de Laïus par son fils n'est point le sujet de la tragédie de Sophocle. Ce qu'Aristote pouvait citer ici, c'est *Lucrèce Borgia* et *la Tour de Nesle*. Mais pardonnons-lui de n'y avoir pas songé.

Troisième cas : « On poursuit sans connaître, puis on reconnaît avant d'avoir tué (comme dans *Iphigénie en Tauride*). Cette donnée est la plus tragique de toutes. »

Pourquoi? C'est ce qu'Aristote ne nous dit pas. Enfin, nous voulons bien, et jusqu'ici Corneille approuve. Mais attendez!

Quatrième cas : « On connaît celui qu'on poursuit, et on s'arrête avant d'avoir frappé. De toutes les données, celle-ci est la moins bonne. »

Aristote cite à ce propos la conduite d'Hémon qui, dans *Antigone*, menace son père et tout à coup retient son bras levé. Cet exemple est aussi mal choisi que l'était tout à l'heure celui d'OEdipe, car le mouvement de colère du jeune Hémon n'est qu'un détail accessoire, qu'on supprimerait sans grand dommage, qui ne tient nullement au fond de l'action.

Mais l'exemple pourrait être mauvais et l'axiome excellent. C'est celui-ci qu'il faut examiner. Est-il vrai qu'il n'y ait rien de moins tragique que le cas d'un homme qui, après avoir poursuivi une personne à laquelle il est uni par des liens étroits, renonce, sous

le coup d'un événement ou d'une émotion imprévue,
à sa haine et à son dessein ? Mais que fait donc Chimène avec Rodrigue ? Cinna avec Auguste ? Arsinoé
avec Nicomède ?

Pour la seconde fois, Corneille se sent atteint dans
ses œuvres vives. Il est repris de l'inquiétude qui
l'a déjà secoué quand Aristote prétendait exclure
de la tragédie « les personnages très vertueux
dans le malheur ». « Si cette condamnation n'était
modifiée, dit-il, elle s'étendrait un peu loin et enve-
lopperait non seulement *le Cid*, mais *Cinna*, *Rodogune*,
Héraclius et *Nicomède*. » Et il cherche d'abord un
accommodement : « Disons donc qu'elle ne doit s'entendre que de ceux qui connaissent la personne qu'ils
veulent perdre et s'en dédisent par un simple change-
ment de volonté sans aucun événement notable qui
les y oblige, et sans aucun manque de pouvoir de
leur part... »

Mais Corneille, une fois lancé, ne s'arrête plus. Il
remarque que la combinaison condamnée ou pour le
moins suspectée par Aristote est justement celle où le
poète a le plus d'occasions d'analyser les sentiments
des personnages, de décrire les luttes intimes entre les
passions opposées, et de montrer la fin de son art. Au
contraire, la combinaison que le philosophe recommande le plus ne prête à aucun développement un
peu délicat et n'est propre qu'à nous frapper d'un
court étonnement... Bref, Corneille lève l'étendard de
la révolte. Il ose écrire : « ... Je pense être bien fondé

3.

sur l'expérience à douter si l'espèce de tragédie
qu'Aristote estime la moindre des trois n'est point la
plus belle, et si celle qu'il tient la plus belle n'est pas
la moindre. »

C'est bien fait pour le Stagirite, qui, dans toute cette
partie de sa *Poétique*, fait vraiment preuve d'un goût
un peu grossier. Ce qu'il nous donne, en somme, c'est
la théorie du mélodrame. Des pères et des fils, des
mères et des filles, des frères et des sœurs, qui ne se
connaissent point, qui se haïssent et veulent se tuer,
et pour amener ces situations, des enlèvements, des
naufrages, des naissances mystérieuses... Aristote ne
veut pas qu'on sorte de là. Il préfère hautement les
sujets qui exigent, pour être traités, le moins de finesse
et le moins d'observation. Il goûte par-dessus tout les
drames qui excitent la curiosité de la foule par des
arrangements de faits singuliers. Et, parmi ces arrangements, celui qui le charme le plus est celui qui
amène le coup de théâtre le plus imprévu, suivi du
dénouement le plus heureux ; il veut, comme la foule,
que cela frappe fort et que cela finisse bien. Il con-
sacre le plus long de ses chapitres aux « reconnais-
sances » sans lesquelles, comme on sait, il n'y a pas
de mélodrame. Bref, ses préceptes et ses remarques
pourraient aussi bien avoir été inspirés par le réper-
toire de Bouchardy ou de Pixérécourt que par celui
d'Eschyle ou de Sophocle. Il ne faut pas trop s'en
étonner ; les légendes où puisaient les tragiques grecs
ressemblaient, en effet, à des données de mélodrame ;

ce n'étaient qu'événements extraordinaires et terribles, jeux surprenants du hasard; et la Destinée y tenait plus de place, y jouait un plus grand rôle que les hommes. On comprend donc qu'une partie des réflexions d'Aristote sur la tragédie grecque se puisse appliquer à notre mélodrame. On a souvent fait remarquer les ressemblances de fond qu'il y a entre les deux. La forme seule diffère. Il est vrai qu'elle diffère étrangement.

Avec tout cela, nous voyons que la plupart des chefs-d'œuvre du théâtre moderne, français ou anglais, n'appartiennent point à l'espèce qu'Aristote déclare la meilleure, ou même n'appartiennent à aucune des espèces définies par Aristote. Et c'est chez ce philosophe si peu chanceux que Corneille et tous les hommes de son temps allaient chercher les règles absolues et universelles de l'art !

Corneille, cependant, vient de s'insurger. Mais vous commencez à le connaître; vous avez pu voir que, chaque fois qu'il s'était permis quelque protestation un peu vive, il se réfugiait, tout de suite après, dans un respect d'autant plus aveugle et plus profond. Il est à noter, du reste, que c'est en général sur les points importants que ce Normand subtil ose élever des réclamations, et sur les questions secondaires qu'il fait étalage de docilité.

Ces sujets de tragédie, qui ont pour fondement des haines mortelles entre personnes du même sang, le

poëte est-il libre de les inventer? Et, quand ils lui
sont fournis par l'histoire ou la légende, est-il libre
d'y changer quelque chose ? C'est ce que Corneille va
chercher à présent ; et, comme il vient de se montrer
particulièrement audacieux, nous allons le voir pru-
dent à l'excès et pénétré de la plus imperturbable
vénération pour les choses écrites.

Il reprend, l'une après l'autre, les quatre espèces de
sujets.

Les sujets du premier genre (« quand on connaît
et qu'on tue ») doivent toujours, d'après lui, être
fournis par l'histoire, et ne peuvent être inventés,
parce qu'ils sont trop extraordinaires et trop contraires à la nature. — On peut n'être pas de son avis.
Ce qui est dans l'histoire ou dans la légende a été ou
à pu être dans la réalité : pourquoi serait-il défendu
d'imaginer des drames analogues à ceux qui sont
consignés dans les chroniques? Puis, il faudrait définir exactement le sens du mot g··e que j'ai traduit
tour à tour par « proches parents » et par « personnes du même sang ou de la même famille ». Les
fiancés et les époux en sont-ils ? Enfin, il faudrait
distinguer les degrés de parenté : les haines sont
moins rares et moins odieuses entre frères qu'entre
mère et fils; elles le sont moins entre oncle et neveu
qu'entre frères : témoin *Hamlet*. C'est folie, décidé-
ment, que de vouloir en ces matières édicter des lois
générales.

Les sujets du second genre (« quand on tue d'abord

et qu'on reconnaît ensuite »), Corneille doute que le poète ait le droit de les inventer ; car, s'ils sont peut-être moins odieux, ils ne sont pas moins extraordinaires que ceux du premier genre (*Lucrèce Borgia* et *la Tour de Nesle* sont pourtant bien des drames imaginés de toutes pièces).

Pour les sujets du troisième genre (« quand on reconnaît au moment de tuer et qu'on ne tue pas »), Corneille veut bien que le poète les invente ; mais il nous avertit de nouveau que ce sont, à ses yeux, les moins intéressants...

On éprouve à la longue un vrai chagrin à voir cet homme de bien perdre son temps à de pareilles niaiseries. Les questions qu'il soulève, de complicité avec son Aristote, sont de celles qu'il est tout à fait impossible de résoudre. On n'arriverait à des conclusions un peu sérieuses qu'à la condition d'avoir sous les yeux toutes les pièces appartenant à ces quatre fameuses catégories, et de prévoir, en outre, toutes les pièces du même genre qui seront écrites dans la suite des âges. Joignez qu'il y a un grand nombre de drames, et non des moins beaux, inventés presque tout entiers par les poètes, où il n'est aucunement question de haines et de meurtres entre parents. Ces drames, il faudrait encore les examiner tous avant de savoir jusqu'où peut aller, pour le poète tragique, le droit d'inventer. Et finalement, toute cette enquête n'aboutirait à rien de sûr, puisque, de ce vaste amas d'œuvres dramatiques, je recevrais probablement

d'autres impressions que vous, et que je tirerais des
mêmes documents des conclusions différentes...

Mais il n'est plus temps de gourmander l'incurable
naïveté de Corneille. Buvons les trois *Discours* jusqu'à la lie. Suivons avec résignation le grand poète
dans toutes les inutiles difficultés où il s'engage et
s'emberlificote. Après s'être demandé quels sont les
sujets que le poète n'a pas le droit de tirer de sa cer-
velle et que le public ne peut accepter que sur la foi
de la légende ou de l'histoire, il se demande (car il
est méthodique!) ce que le poète peut changer aux
données de l'histoire ou de la légende.

Son avis est qu'on doit toujours garder le dénouement intact, mais qu'on peut changer les moyens qui
l'amènent, surtout pour rendre le principal personnage sympathique. C'est ainsi que lui-même, en dépit
de l'histoire, a fait épargner Cléopâtre par Antiochus
(dans *Rodogune*), et Prusias par Nicomède. — A vrai
dire, je ne savais pas qu'Antiochus fût « le principal
personnage » de *Rodogune*. Mais surtout Corneille
devrait distinguer entre les histoires très connues,
comme celles d'Alexandre, de César ou d'Auguste, et
celles qui sont enfouies dans d'obscures chroniques.
Eût-il inventé de toutes pièces la fable de *Rodogune* ou
d'*Héraclius* que nous n'y verrions aucun inconvénient.

Je vous signale ici une amusante rouerie de Corneille. Voulez-vous savoir comment on peut respecter
la loi en la tournant? Corneille songe à l'histoire

d'Oreste. Un fils qui tue sa mère, c'est là une horrible chose. Pourtant il faut qu'il la tue, puisque cela est écrit dans la légende et que le poète peut changer les moyens, non le dénouement. Comment donc faire ? Voici le « truc » (c'est bien le mot) que Corneille imagine. C'est une merveille d'hypocrisie ou de candeur : « Pour rectifier ce sujet à notre mode, il faudrait qu'Oreste n'eût dessein que contre Egisthe ; qu'un reste de tendresse respectueuse pour sa mère lui en fît remettre la punition aux dieux ; que cette reine s'opiniâtrât à la protection de son adultère, et qu'elle se mît entre son fils et lui si malheureusement qu'elle reçût le coup que ce prince voudrait porter à cet assassin de son père : ainsi *elle mourrait de la main de son fils,* comme le veut Aristote, sans que la barbarie d'Oreste nous fît horreur comme dans Sophocle. »

Corneille ne s'aperçoit pas que ce bel artifice, en conservant pour les yeux un mouvement purement extérieur, détruit en réalité tout le sujet. Ou bien, par hasard, « fait-il la bête », si j'ose m'exprimer ainsi ? Je conçois d'ailleurs que cette bonne âme ait reculé devant l'horreur du dénouement imposé par la légende. Malgré lui, il ne pouvait se représenter qu'un Oreste fort adouci. Le poète donne, sans le savoir, à ses personnages, les mœurs, les façons et les pensées de son temps. Et c'est pourquoi, dans les drames dont le sujet est emprunté à une antiquité reculée et farouche, il peut arriver que les actions ne soient aucunement, si j'ose dire, contemporaines des mœurs. On a remarqué que, dans *Iphigénie*, dans *Esther*, dans d'autres tragédies encore, il y avait deux ou trois mille ans, tout un abîme, entre les faits et gestes de tel personnage et son esprit, ses manières, ses discours... A mon sens, on en devrait tirer bravement cette conclusion que, parmi les sujets que nous ont légués les anciens, il y en a qui ne sont plus bons pour nous et qu'il faut leur laisser...

Quoi qu'il en soit, le poète peut, selon Corneille, modifier les moyens qui conduisent à l'événement final. Mais dans quelle mesure peut-il les modifier ?

Sur ce point, Aristote se montre fort libéral : « Le poète est obligé de dire, non ce qui est arrivé, mais ce qui aurait pu arriver, *selon le vraisemblable et le nécessaire.* »

Le « vraisemblable », cela s'entend. Quant au « nécessaire », qu'Aristote oublie de définir, il me semble que c'est simplement ce qui est vraisemblable au suprême degré : c'est ce qu'un personnage doit faire « nécessairement », étant donné son caractère, dans telle situation et dans telles circonstances.

Mais Corneille ne le prend pas ainsi. On dirait qu'il s'applique à obscurcir un texte qui n'est déjà pas trop clair.

Voici sa définition : « Je dis donc que le nécessaire, en ce qui regarde la poésie, n'est autre chose que le besoin du poète pour arriver à son but *ou* pour y faire arriver ses acteurs. »

Les personnages ont chacun leur but. Celui de l'amant est de posséder sa maîtresse ; celui de l'ambitieux est d'obtenir le pouvoir, etc... Ce qu'ils sont invinciblement portés à faire pour arriver à ce but, c'est ce que Corneille appelle le « nécessaire ».

Le poète, de son côté, a son but, qui est de plaire en observant les lois de son art. Pour les observer, il est obligé de ramasser les événements (unité de jour), de réunir ses personnages au même endroit (unité de lieu), d'adoucir certains traits fournis par l'histoire, de corriger, d'embellir, de se plier aux mœurs, aux opinions et aux préjugés des spectateurs. Et c'est encore ce que Corneille appelle le « nécessaire ».

Le « nécessaire » est donc de deux sortes. Il préside, d'un côté, à la composition du drame, et, de l'autre, à la conception des personnages. Le « nécessaire », c'est ce qu'exigent les conditions de la scène, *quelquefois contre la vraisemblance extérieure ;* et c'est en même temps le plus haut degré de la vraisemblance morale. Corneille avait-il le droit de désigner du même nom deux ordres d'exigences si distincts et même si contraires ? J'en doute fort. Ajoutez qu'il se débat dans un cercle vicieux, puisque, tandis qu'il estime *nécessaire* ce que *les règles* commandent, il cherche à établir *la règle* qui peut rendre légitimes ou même *nécessaires* certaines altérations de l'histoire...

Corneille passe aux conclusions. « Des actions qui composent la tragédie, les unes, dit-il, suivent l'histoire ; les autres ajoutent à l'histoire ; les troisièmes

falsifient l'histoire. Les premières sont vraies, les
secondes quelquefois vraisemblables et quelquefois
nécessaires, et les dernières doivent toujours être
nécessaires. » Ces règles sont bien rigoureuses.
Alexandre Dumas, quand il « falsifie » l'histoire de
Marguerite de Bourgogne, de la reine Margot ou du
cardinal de Richelieu, se contente fort bien du « vraisemblable ». On souhaiterait même qu'il s'y tînt. Je
crois que Corneille, tout le premier, n'observe pas
toujours à la rigueur les règles qu'il a posées. Nous
en appelons du critique au poète. Que dis-je ? Il reconnaît, dans son troisième *Discours*, qu'il est bien diffi-
cile d'assigner des limites certaines à la liberté du
poète dramatique ; que ses droits peuvent être étendus
ou restreints selon qu'il s'agit d'une histoire connue
ou d'une histoire presque ignorée ; et que lui-même
était beaucoup plus à son aise dans *Nicomède* ou dans
Rodogune que dans *Horace* ou dans *Pompée*.

Le « discours » se termine par une rapide et dédaigneuse remarque sur la comédie. « Je ne pense pas
que, dans la comédie, le poète ait cette liberté de
presser son action par la nécessité de la réduire dans
l'unité de jour... Les actions de la comédie partent
de personnes communes et ne consistent qu'en intrigues d'amour et en fourberies, qui se développent si
aisément en un jour qu'assez souvent, chez Plaute et
chez Térence, le temps de leur durée excède à peine
celui de leur représentation. »

Corneille ne prévoyait pas que, cinquante ans après

lui, la tragédie serait morte; que, sans doute, elle se survivrait misérablement pendant un siècle, mais que la comédie, toujours grandissante, ne se contenterait pas longtemps des « fourberies » et des amourettes, qu'elle envahirait le domaine de la tragédie et l'expulserait enfin du théâtre. Et il ne pouvait prévoir nonplus que ces trois *Discours*, où il apportait tant de conviction et tant de scrupule, ne seraient lus un jour qu'à titre de curiosité, et que les honnêtes gens qui s'imposeraient la tâche de les tirer au clair ne le feraient point par amour de la tragédie, mais par goût des choses du passé.

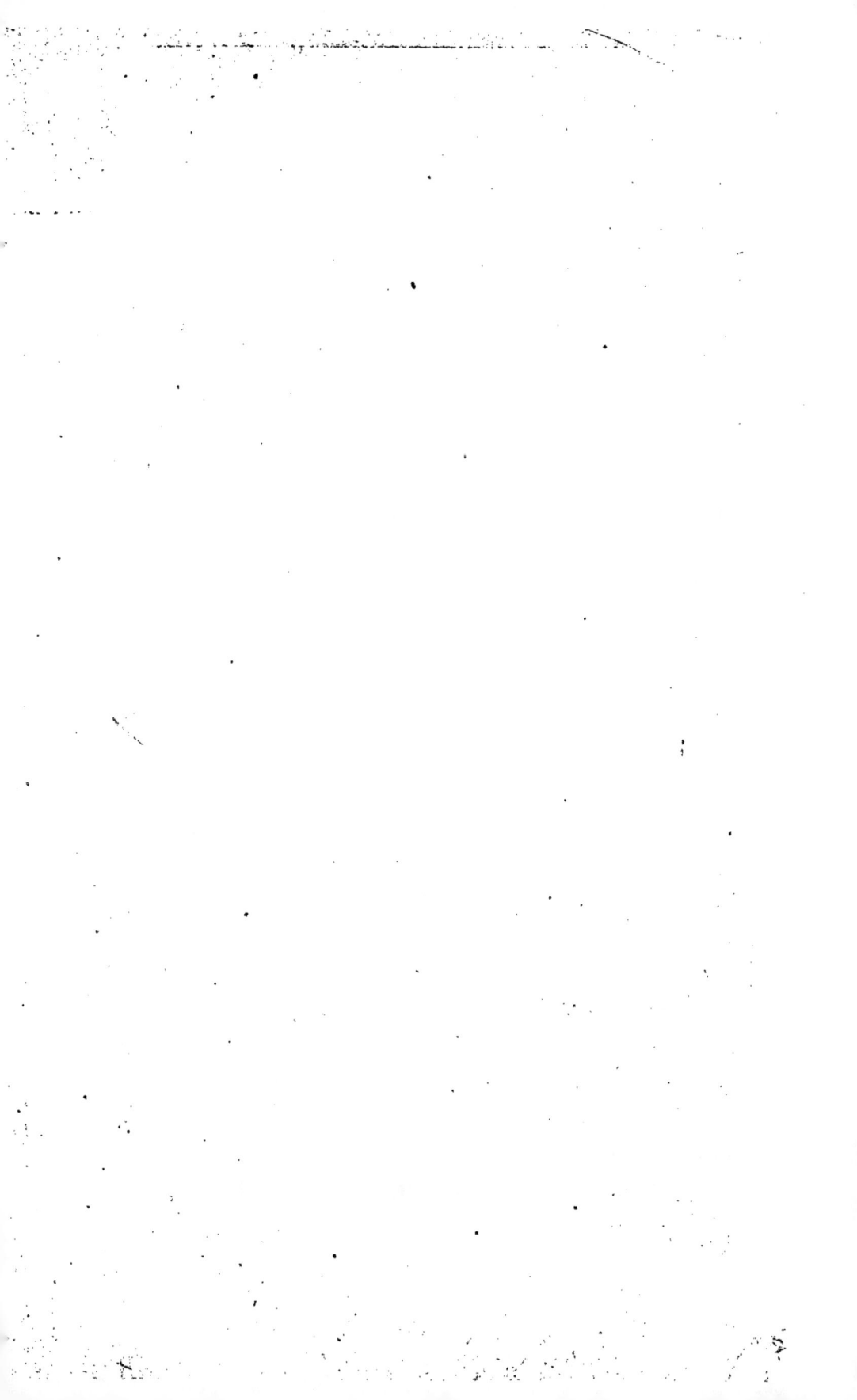

TROISIÈME DISCOURS

Des trois unités d'action, de jour et de lieu.

Ces trois unités, et surtout les deux dernières, passent pour l'article essentiel du *Credo* de la tragédie classique. Nous allons voir sur quels fragiles fondements Corneille fait reposer ce *Credo*, et qu'il n'a presque rien dit, ici, de ce qu'il y avait à dire.

I. — *De l'unité d'action.*

« L'unité d'action, dit Corneille, consiste, dans la comédie, en l'unité d'intrigue ou d'obstacle aux desseins des principaux acteurs, et en l'unité de péril dans la tragédie. »

Il serait aisé de disputer là-dessus; on ferait remarquer qu'Harpagon ou Tartuffe rencontrent à la fois plusieurs obstacles à leurs desseins; que Cinna et Auguste, Joad et Athalie sont tour à tour en péril; qu'on peut, d'ailleurs, souvent se demander quel est « le principal personnage », etc... Mais laissons la parole à Corneille.

« Ce n'est pas, continue-t-il, que je prétende qu'on

ne puisse admettre plusieurs périls dans la tragédie, et plusieurs intrigues ou obstacles dans la comédie, pourvu que de l'un on tombe nécessairement dans l'autre. »

Mais Rodrigue, qui se bat avec le père de Chimène, avec les Maures et avec don Sanche et qui court successivement trois dangers, ne tombe pas « nécessairement » du premier dans le second. Qui osera nier pourtant que l'unité d'action soit observée dans le *Cid?*

Si, de ce chef, Corneille absout *le Cid*, pourquoi traite-t-il si durement *Théodore* et *Horace?* « J'ai marqué, dit-il, la duplicité des périls pour un défaut dans *Horace* et dans *Théodore*, dont il n'est point besoin que le premier tue sa sœur au sortir de sa victoire, ni que l'autre s'offre au martyre après avoir échappé à la prostitution. »

Mais, si ce n'est point une nécessité extérieure qui jette Horace du premier péril dans le second, c'est son caractère qui l'y précipite, c'est-à-dire une nécessité intérieure. De fait, il serait impossible de clore la tragédie soit sur la victoire d'Horace, soit sur la mort de Camille : l'ouvrage a donc son unité. De même, si Théodore n'est assurément pas obligée, après son évasion, de venir briguer le martyre, elle y est contrainte par la violence et l'exaltation de sa foi...

Il faut avouer que Corneille montre en tout ceci peu de netteté et de logique. Lui qui nie l'unité d'action d'*Horace* et de *Théodore*, il affirme (dans le pre-

mier *Discours*) celle de *Pompée*. Or, c'est bien plutôt
celle-là qui prêterait aux objections. On pourrait dire,
en effet, que le premier acte forme, dans cette tragédie, comme un drame distinct, — sans compter que
l'intérêt ne sait pas trop à qui s'accrocher dans les
actes suivants...

Mais, au reste, Corneille pressent l'insuffisance et
l'inexactitude de sa définition, et s'efforce de la corriger comme il suit :

« Ce mot d'unité d'action ne veut pas dire que la
tragédie n'en doive faire voir qu'une seule sur le
théâtre. Celle que le poète choisit pour son sujet doit
avoir un commencement, un milieu et une fin ; et ces
trois parties non seulement sont autant d'actions qui
aboutissent à la principale, mais en outre chacune
d'elles en peut contenir plusieurs autres avec la
même subordination. Il n'y doit avoir qu'une action
complète, qui laisse l'esprit de l'auditeur dans le
calme ; mais elle ne peut le devenir que par plusieurs
autres imparfaites qui lui servent d'acheminement et
tiennent cet auditeur dans une agréable suspension.. »

Je confesse que je ne comprends pas très bien. Si
Corneille veut dire que la fable ne peut se développer
que dans une série de scènes dont chacune contient
une partie de l'action, cela est trop évident. Ou peut-
être entend-il qu'il est permis d'ajouter et de subor-
donner à l'action principale, des actions secondaires,
sans lesquelles le drame essentiel subsisterait sans
doute, mais serait réduit à une simplicité un peu

maigre. Par exemple, on pourrait retrancher d'*Horace* le rôle de Camille, du *Misanthrope* celui d'Arsinoé, des *Femmes savantes* ceux d'Armande et de Bélise, du *Voyage de M. Perrichon* celui du commandant. En supprimant ces rôles, on supprimerait autant d'actions secondaires. La principale resterait intacte; mais vous sentez tout ce que le drame perdrait à ces retranchements. Dans *Andromaque*, un drame se joue entre Pyrrhus et la veuve d'Hector, un autre entre Oreste et Hermione, un troisième entre Hermione et Pyrrhus. Mais ces trois drames sont si intimement liés entre eux; les deux derniers sont si rigoureusement subordonnés au premier; chaque résolution d'Andromaque a une influence si immédiate et si souveraine sur les sentiments et sur la situation des autres personnages, que nulle tragédie ne laisse une plus profonde impression d'unité...

Il suit de là qu'une définition de l'unité d'action, pour n'être démentie par aucun chef-d'œuvre du théâtre grec, latin, français, anglais et espagnol, devrait être extrêmement large. Je n'ose pas en proposer une; mais j'imagine qu'on pourrait dire ou à peu près :

— Ce qui fait l'unité d'action, c'est une série principale d'actions qui s'engendrent l'une l'autre ou qui découlent des caractères et des passions des personnages et qui, après avoir changé leur premier état, les conduisent jusqu'à un état nouveau qui ait chance de durée...

J'ai peur que cette définition ne vous paraisse plus

flottante que les feuillages remués par le vent, et plus lâche et plus percée de trous qu'un vieux filet aux mailles rompues. Mais c'est tout ce que j'ai pu trouver.

Ce qui est sûr, c'est que si Corneille n'a pas très bien su dire en quoi consiste l'unité d'action, il la veut du moins aussi étroite que possible. La rigueur de ses prescriptions à ce sujet me fait croire qu'il eût répugné (quoi qu'on ait prétendu) aux libertés du théâtre contemporain. Ainsi, il exige que tout ce qui doit se passer dans le drame puisse être prévu dans le commencement et « ait ses racines dans le premier acte ». Cette règle est violée, selon lui, dans *le Cid*, où les Maures arrivent au second acte sans avoir été annoncés, et dans *Don Sanche*, où le vieux pêcheur « semble sortir d'une boîte », au dénoûment.

Je cite encore une remarque qui présente un certain intérêt historique : « La liaison des scènes qui unit toutes les actions particulières de chaque acte l'une avec l'autre est un grand ornement dans un poème. » Sauf erreur, c'est bien Corneille qui a observé le premier et a fait passer peu à peu dans l'usage du théâtre cette « liaison des scènes ». Lui-même ne l'observe qu'à partir de sa quatrième pièce : *la Suivante*; mais il la viole encore une fois dans *la Place Royale* et plusieurs fois dans *le Cid*. Et, par un scrupule singulier, cette pratique si heureuse et si sensée, après s'y être conformé pendant trente ans, il n'ose encore l'ériger en loi : « Ce

n'est qu'un ornement, dit-il, et non pas une règle. »
Et c'est lui qui, tout à l'heure, va se montrer si
sévère sur l'unité de jour et l'unité de lieu !

Enfin, Corneille rappelle qu'Horace prescrit la divi-
sion en cinq actes; que pourtant les tragédies grecques semblent quelquefois en avoir plus ou moins de
cinq (ce qui n'a rien d'étonnant, puisqu'elles n'étaient
point divisées en actes) et que les pièces espagnoles
en ont trois. Il aurait dû conclure de là qu'une
grande liberté doit être laissée au poète sur ce point.

II. — De l'unité de jour.

Voilà donc Corneille enragé d'unité. Il lui en faut
de toutes sortes. Il accepte les yeux fermés la décou-
verte de ce plaisant cuistre d'abbé d'Aubignac : « La
règle de l'unité de jour, dit-il, a son fondement sur le
mot d'Aristote, que la tragédie *doit* renfermer la durée
de son action dans un tour de soleil, ou tâcher de ne
pas le passer de beaucoup. »

Or, vous savez qu'il n'y a rien de pareil dans Aristote. Vous trouverez, au chapitre cinquième de sa
Poétique, la phrase qui a donné lieu à cette incroya-
ble interprétation. Aristote, comparant l'épopée et la
tragédie, note les différences et, entre autres, la différence de durée. « Car, écrit-il, la tragédie *s'efforce en
général* de s'enfermer dans un tour de soleil ou de ne
pas trop le dépasser, mais l'épopée est illimitée dans
le temps. »

Ce n'est donc qu'une constatation d'où l'on peut, tout au plus, induire un conseil. C'est tout naturellement et non pas un dessein prémédité des poètes, que les tragédies grecques, dont la fable était toujours fort simple et qui n'avaient point d'entr'actes, enfermaient leur action dans l'espace d'un jour. Encore serait-il bien permis de considérer cette trilogie, et, par exemple, l'*Orestie* d'Eschyle, comme une seule et vaste tragédie divisée en trois actes et où, dès lors, manqueraient l'unité de jour et l'unité de lieu.

Mais il y a mieux. Corneille nous démontre sans s'en douter, que les Grecs n'ont point observé l'unité de jour de propos délibéré, et même ne l'ont pas toujours observée. Il dit qu'il leur est arrivé, pour obéir à cette prétendue règle, de tomber dans les plus graves invraisemblances, et il cite les *Suppliantes* d'Euripide, où Thésée faisant vingt lieues avec son armée, livre bataille, remporte la victoire et revient, — tout cela pendant que le chœur récite une trentaine de vers. — Ce chœur de trente vers, durant lesquels se passent tant de choses, équivaut donc exactement à certains entr'actes des drames romantiques et des comédies contemporaines. Seulement, chez Euripide, l'entr'acte est chanté. Les anciens poètes feignent que des événements qui, dans la réalité, rempliraient huit ou dix jours, se passent en un quart d'heure; les auteurs d'à présent feignent que ce quart d'heure, pendant lequel la scène est vide, égale huit ou dix journées : voilà toute la différence;

elle n'est pas grande. Au fond, c'est bien la même convention. Très sérieusement, l'unité de jour n'est pas
plus réelle dans les *Suppliantes* ou dans *Agamemnon*
que dans *Hamlet* ou la *Dame aux Camélias*.

Cela n'empêche pas Corneille de chercher la raison
de cette règle d'Aristote, qui n'est point dans Aristote, et qui n'y peut pas être, et qui est absurde, et
qui n'est pas une règle. Cette raison, la voici : —
Puisque la tragédie *imite* la vie humaine, il faut que
la représentation qu'elle en donne dure exactement
ce que dureraient dans la réalité les choses repré-
sentées.

Corneille ne s'aperçoit pas qu'il joue sur le mot « imi-
ter » et qu'il le prend dans un sens littéral et grossier
que ce mot ne saurait avoir ici. Au reste, il se dément
presque tout de suite et, sentant qu'il est impossible
d'observer cette règle à la rigueur (sauf dans certains sujets et par une rencontre heureuse), il permet
au poète dramatique de ramasser en deux heures ce
qui, dans la vie réelle, en exigerait peut-être dix,
vingt, et au delà.

Mais alors?... Faisons comme Horace dans une de
ses épîtres, où il demande combien il faut d'années
pour faire « un ancien » : servons-nous du vieil argu-
ment du « tas de blé ». Corneille veut bien qu'au
théâtre deux heures soient considérées comme l'équi-
valent de vingt heures : pourquoi pas de vingt et
une, de vingt-deux, etc?... Qui fixera la limite? Qu'un
entr'acte d'un quart d'heure soit censé contenir dix

heures, ou dix jours, la convention n'est-elle pas la
même, et n'est-elle pas aussi facile à accepter dans le
second cas que dans le premier?

Corneille s'en tire suivant son habitude par une
ruse assez puérile : «... Je voudrais, dit-il, laisser cette
durée à l'imagination des auditeurs, et ne déterminer
jamais le temps qu'elle emporte, si le sujet n'en avait
besoin... » Vous vous rappelez la chanson des *Cloches
de Corneville* :

C'est la coutume en Normandie, etc.

Comme c'est malin! Sommes-nous dupes! Ne
savons-nous pas qu'il faut à Rodrigue plus d'un quart
d'heure d'entr'acte, et même plus de douze heures
que le poète entasse dans ce quart d'heure pour aller
battre les Maures? Et quand nous serions dupes, à
quoi cela servirait-il? Si Corneille avouait franchement qu'il s'est passé huit jours entre le troisième et
le quatrième acte du *Cid*, et si l'un des personnages
le disait en propres termes, la tragédie en vaudrait-
elle moins? Et qu'y aurait-il de changé? Vraiment,
devant ces ingénuités d'un grand homme, on est
obligé de se dire, pour n'en pas triompher indécem-
ment, que nous sommes sans doute, nous aussi, sans
le savoir, des imbéciles par quelque côté, — et que
nous ne sommes de grands hommes par aucun.

4.

III. — *De l'unité de lieu.*

C'est à peu près la même chanson, avec cette différence que, tandis que l'unité de jour ne reposait sur
rien, l'unité de lieu repose sur l'unité du jour. Cela
fait un fondement bien solide!

« Quant à l'unité de lieu, dit Corneille, je n'en
trouve aucun précepte ni dans Aristote ni dans
Horace. (Alors?... Et quand même?...) C'est ce qui
me porte à croire que la règle ne s'en est établie
qu'*en conséquence de l'unité du jour.* »

Corneille oublie que l'unité de lieu n'est nullement
observée dans certaines tragédies grecques, et, par
exemple, les *Euménides* d'Eschyle... Mais je suis
fatigué de ressasser les mêmes objections, tandis qu'il
rabâche les mêmes erreurs. Comme il a permis qu'un
quart d'heure enfermât dix heures d'horloge, il
permet maintenant que dix mètres carrés de planches
représentent tour à tour divers endroits d'une même
ville. Et nous lui dirons encore : — Que les différents
lieux figurés successivement par ces planches soient
distants de cent mètres, — ou d'une lieue, — ou de
cinquante lieues, — cela ne nous est-il point parfaitement égal? Et la convention qu'on nous demande
d'accepter n'est-elle pas exactement la même?

Et, comme tout à l'heure, le vieil avocat empêtré
imagine le plus hypocrite et à la fois le plus inutile
des compromis. Il avait inventé un jour vague, qui

dure plusieurs jours, bien qu'il n'ait que vingt-quatre
heures; il invente maintenant un lieu incertain, indé-
terminé, qui peut représenter jusqu'à cinq lieux différents et qui n'est pourtant qu'un seul lieu. « Les
jurisconsultes, dit-il, admettent des fictions de droit;
et je voudrais, à leur exemple, introduire des *fictions
de théâtre*, pour établir un lieu théâtral qui ne serait
ni l'appartement de Cléopâtre, ni celui de Rodogune,
dans la pièce qui porte ce titre, ni celui de Phocas,
de Léontine, ou de Pulchérie dans *Héraclius*, mais
une salle sur laquelle ouvrent ces divers appartements,
à qui j'attribuerais deux privilèges : l'un, que chacun
de ceux qui y parleraient fût présumé y parler avec
le même secret que s'il était dans sa chambre; l'autre,
qu'au lieu que dans l'ordre commun il est quelquefois
de la bienséance que ceux qui occupent le théâtre
aillent trouver ceux qui sont dans leur cabinet pour
parler à eux, ceux-ci pussent les venir trouver sur le
théâtre, sans choquer cette bienséance, afin de conserver l'unité de lieu et la liaison des scènes. »

Il parle ici de « fictions de théâtre ». Voilà qui va
bien. C'est ce que nous appelons aujourd'hui les
conventions. Que les personnages de la tragédie
parlent en vers, convention! Qu'ils se rencontrent
toutes les fois qu'ils ont quelque chose à se dire, convention! Qu'ils parlent tout haut quand ils sont seuls,
convention! Que le poète développe sous nos yeux
une seule action, tandis qu'il n'en est point, dans le
monde réel, qui ne soit mêlée à une foule d'autres et

n'y soit comme enchevêtrée, convention! Celui qui
croit les réduire ne fait que les changer. Les préten-
dues règles de l'unité de jour et de l'unité de lieu
avaient pour but, d'après Corneille lui-même, de sup-
primer certaines conventions, qu'on acceptait pourtant sans peine; et voilà que, pour observer ces
règles, il invente lui-même d'autres conventions,
beaucoup moins simples et plus difficiles à accepter!

L'unité de jour et de lieu n'est, je crois, dans aucune
des comédies d'Augier. Elle est, il est vrai, dans la
Princesse Georges, dans *Monsieur Alphonse* et dans
Francillon ; mais, si ces comédies sont excellentes,
elles ne sont peut-être pas supérieures au *Demi-Monde*,
au *Père prodigue*, à l'*Ami des femmes*, et à d'autres
où manque cette unité. Ce n'est point parce qu'elle
s'y trouve que l'action de *Monsieur Alphonse* ou de
Francillon est particulièrement rapide et ramassée ;
mais c'est parce que l'action y est ramassée et rapide
qu'elle s'y trouve. Maintenant, je ne ferai aucune difficulté de reconnaître que, si Corneille, Racine et
Molière avaient tort de prendre cette double unité pour
une règle, cependant le soin qu'ils prenaient de
l'observer (ou de la respecter tout en la tournant) leur
a fait rencontrer plus souvent, au théâtre, une simplicité, une rapidité et, si je puis dire, une plénitude
d'action, qui étaient d'ailleurs dans leurs goûts.

Corneille commence toujours par des subtilités,
parce qu'il est Normand, et finit par des aveux, parce
qu'il est honnête homme. En voici d'un grand prix :

il reconnaît qu'il n'a vraiment observé l'unité de jour
et de lieu que dans *Horace, Polyeucte* et *Pompée*. Et
il ajoute, en s'adressant à ses adversaires : « ... S'ils
voulaient donner dix ou douze poèmes de cette nature
au public, ils élargiraient peut-être les règles plus que
je ne fais, sitôt qu'ils auraient reconnu par l'expérience
quelle contrainte apporte leur exactitude, et combien
de belles choses elle bannit de notre théâtre. »

Mais si ces règles « bannissent tant de belles choses
de notre théâtre », c'est donc qu'elles sont mauvaises,
et alors il ne faut pas les observer. Pourquoi Corneille n'a-t-il pas songé à cela? C'est que c'était trop
simple.

PRÉFACES ET EXAMENS

Nous retrouvons dans les *Examens* et dans les *Préfaces* le même esprit que dans les trois *Discours*, la même conscience, le même orgueil et les mêmes scrupules. On y sent pourtant, par endroits, une plus grande liberté d'esprit, et cela se comprend. Car, ici, Corneille ne parle plus ou du moins ne parle pas toujours du théâtre en général : il parle de son œuvre à lui; il l'a sous les yeux; il est pris pour elle de tendresses et de faiblesses de père, et son respect pour Aristote en est parfois ébranlé. Il faut remarquer, d'ailleurs, que la plupart des *Préfaces* et des *Examens* sont antérieurs aux trois *Discours*, que Corneille ne s'est pas enfoncé du premier coup dans la superstition aristotélicienne, que, jusqu'à la *Suivante* (si je ne me trompe), il a ignoré les fameuses « règles », et qu'après les avoir connues il ne les a pas tout de suite observées.

On pourrait donc distinguer, dans les sentiments et la conduite de Corneille à l'égard d'Aristote, une période d'indépendance relative (de *Mélite* au *Cid*) et une période de soumission presque absolue (du *Cid* à *Suréna*).

I. De *Mélite* au *Cid*.

Dans ses premières comédies, il ne se soucie nullement de l'unité de jour et de lieu, et pour cause.
« Cette pièce, dit-il à propos de *Mélite*, n'a garde
d'être dans les règles, puisque je ne savais pas alors
qu'il y en eût. » Puis il parle de la « nouveauté de
ce genre de comédie *dont il n'y a point d'exemple dans
aucune langue* ». Il est content de lui ; il affecte l'air
dégagé, fringant, voire impertinent. « Il est permis de
croire, écrit-il, que les anciens n'ont pas tout su. »
— « Que si j'ai renfermé *Clitandre* dans la règle d'un
jour, ce n'est pas que je me repente de n'y avoir point
mis *Mélite* ou que je sois résolu de m'y attacher
dorénavant. » C'est à dessein qu'il donne à la *Veuve*
et à la *Galerie du Palais* une durée de cinq jours
consécutifs. Et, s'il enferme *Clitandre* dans les vingt-
quatre heures, écoutez de quel ton il s'en explique.
Clitandre n'a été pour lui qu'une bravade : « J'entre-
pris de faire une pièce régulière, mais qui ne vaudrait
rien du tout. » Il faut dire qu'il y a réussi. Mais vous
voyez le cas qu'il faisait des règles! L'*Illusion* n'est
antérieure au *Cid* que de quelques mois. Il nous la
donne lui-même pour « une galanterie extravagante ».
« Le premier acte est un prologue. Les trois suivants
forment une pièce que je ne sais comment nommer...
Le cinquième est une courte tragédie... Tout cela,

cousu ensemble, fait une comédie. » — « Voici un
étrange monstre! » dit-il encore dans sa *Dédicace*.
Sentez-vous le ton cavalier, l'assurance, la complaisance pour sa propre fantaisie et le dédain des
règles? Tous ces premiers essais de critique donnent
l'idée d'un Corneille tout jeune et piaffant, le feutre
de travers et la moustache en croc, d'un poète-mous-
quetaire, dans le goût du plus pur Louis XIII...

Mais, au fond, des scrupules travaillent déjà ce
d'Artagnan. Dans tous ses *Examens*, sans exception,
il est préoccupé de l'unité d'action, qu'il entend au
sens le plus rigoureux. A partir de la quatrième
comédie, il considère comme une règle la liaison des
scènes. Les atrocités inutiles dont le cinquième acte
de sa *Médée* est rempli, il s'en excuse sur ce qu'il lui
fallait, bon gré, mal gré, ses cinq actes. Dans ce
même *Examen* de *Médée*, il prescrit que tous les récits
soient justifiés, que les confidents soient intéressés à
l'action, etc...

En même temps, certaines particularités de son
esprit commencent à se révéler. — Il se montre plus
ébloui que de raison par « les grandeurs de chair. »
Dans l'*Examen* de *Clitandre*, il cherche en combien de
façons on peut introduire les rois sur le théâtre sans
offenser la dignité royale. La dissertation semble d'un
chambellan plus que d'un critique. — Ses théories
anti-amoureuses sur l'amour s'étalent déjà, avec une
pleine ingénuité, dans les *Examens* de la *Galerie du
Palais*, et de la *Place Royale*. Le caractère de Célidée

a, dit-il, quelque chose d'inconvenant « parce qu'elle
s'emporte jusqu'à s'offrir elle-même ». Et il écrit tout
tranquillement : « Le caractère d'Angélique sort de
la bienséance en ce qu'elle est trop amoureuse. » C'est
dans la *Place Royale* qu'on trouve ce surprenant Alidor
qui, aimant sa maîtresse, la quitte tout d'un coup,
sans raison, pour le seul plaisir de montrer sa force
et de jouir de sa volonté. Car, comme le dit Corneille
dans sa dédicace de cette bizarre comédie, « l'amour
d'un honnête homme doit être toujours volontaire, et
l'on ne doit jamais aimer en un point qu'on ne puisse
n'aimer pas ». Prenez-y garde, toute la glace des
vingt dernières tragédies de Corneille est dans cette
phrase.

II. Du *Cid* à *Suréna*.

Voici que le respect d'Aristote gagne de plus en
plus l'arrogant auteur de *Clitandre*. Il est content du
Cid parce que deux règles essentielles d'Aristote y
sont observées, le héros y étant poursuivi par une
personne qui l'aime, et n'étant point « tout vertueux ».
J'avoue que Rodrigue me paraît à moi, aussi vertueux
que possible. — En revanche, Corneille s'étonne que
Polyeucte ait plu, bien qu'il soit, lui, « tout vertueux », et viole ainsi le principe d'Aristote. Et je me
dis alors que Polyeucte n'est peut-être point si parfait
que cela, mais qu'en vérité c'est un beau type de
fanatique, qu'il est vivant, et que sa folie nous inté-

resse. En somme, je suis fort tenté de croire que ni
Polyeucte ni Rodrigue n'ont cette vertu « mélangée »
que recommande Aristote : mais si elle se trouvait
chez l'un des deux, je la verrais plutôt (au rebours
du sentiment de Corneille) chez le martyr que chez le
capitaine.

L'embourbement en Aristote continue. C'est, paraît-
il, pour avoir violé les règles d'Aristote que la tragédie
de *Théodore* ne vaut pas le diable. Car Théodore n'a
point la « vertu mélangée » qui convient aux héros
tragiques, et vous ne trouverez point chez ce plat
coquin de Valens le « chrêsta êthê », c'est-à-dire —
vous vous rappelez? — « le caractère élevé et brillant
d'une habitude bonne ou mauvaise ». Et voilà pourquoi votre fille est muette! — A vrai dire, cette tragédie trop peu connue pourrait violer bien d'autres
règles et être encore fort belle. Telle qu'elle est, je la
trouve des plus intéressantes et, sinon égale au *Cid*
et à *Polyeucte*, du moins supérieure à *Horace* et à
Cinna. Mais je n'ai pas le loisir de vous donner ici mes
raisons. Le bon Corneille, à qui ses contemporains
ont fait croire que la pièce était mauvaise, s'en con-
sole en songeant que l'exemple de Placide, de Marcelle
et de Flavie est tout à fait propre à « purger nos passions », selon le précepte d'Aristote. Et il le démontre!
Car, en telles matières, tout est démontrable.

Autres remarques, un peu pêle-mêle, car je les
fais à mesure que me les suggère la lecture des
Examens :

Corneille en prend beaucoup plus à son aise avec l'histoire que dans le premier *Discours*. Il avoue qu'il n'y a d'historique, dans son *Héraclius*, que les noms et « l'ordre de la succession des empereurs », et que, dans *Sertorius*, il a prolongé de six ans la vie de Sylla; et il n'en marque pas le moindre remords.

Il a de plus en plus le goût des complications mélo-dramatiques. Si les morts sont informés de ce que font les vivants, l'ombre de Corneille a dû être ravie des merveilles accomplies de nos jours dans le genre qu'il préférait; et soyez sûrs que ceux qu'il admire du fond de la tombe et qu'il reconnaît pour ses vrais disciples, c'est Bouchardy, c'est Dumas père, c'est M. d'Ennery, c'est M. Sardou. Il nous avoue que dans *Rodogune* tout est disposé en vue de l'énigme du der- nier acte; que tout, dans le reste de la pièce, et même la vraisemblance morale, est sacrifié à cet ingénieux et terrible dénouement; et il s'en applaudit. Il ajoute : « Cette tragédie me semble un peu plus *à moi* que celles qui l'ont précédée, à cause des incidents sur- prenants qui sont purement de mon invention, et n'avaient jamais été vus au théâtre. »

Son enfantillage fait donc consister le meilleur du génie dramatique dans l'invention et la combinaison de faits extraordinaires. Il déclare en propres termes qu'il aimerait mieux avoir imaginé l'intrigue du *Men- teur* que d'avoir écrit le *Cid* et *Polyeucte*. Il est enchanté de la furieuse complication d'*Héraclius*; et comme les invraisemblances ne manquent pas dans ce logogriphe,

non seulement il en prend gaillardement son parti,
mais il s'en glorifie. « ... J'irai plus outre... et je ne
craindrai point d'avancer que le sujet d'une belle tragédie doit n'être pas vraisemblable. » (O Racine, qu'en
dites-vous ?) — Enfin, il nous explique que le sujet
d'*Œdipe* était vraiment trop simple, et comme quoi,
afin de corser la tragédie de Sophocle, il a inventé
deux personnages, Dircé et Thésée, que l'oracle semble
viser tour à tour avant d'atteindre Œdipe : en sorte
que, dans sa pièce à lui, on ne comprend qu'au cinquième acte ce que ce maladroit de Sophocle laisse
deviner tout de suite. — Je vous assure que l'idéal
dramatique de Corneille est au fond très grossier.

Pourtant, s'il adore le mélo, il persiste à n'y
admettre que des personnages royaux. Ce n'est pas
qu'il n'ait entrevu, dans la préface de *don Sanche*, une
autre sorte de drame : « ... N'est-il pas vrai que la
pitié pourrait être excitée plus fortement par la vue
de malheurs arrivés aux personnes de notre condition, à qui nous ressemblons tout à fait, que par
l'image de ceux qui font trébucher les plus grands
monarques? » Il pressent ici le drame bourgeois,
mais il s'en tient à ce pressentiment. Il est trop épris
de grandeur extérieure pour quitter ses empereurs
et ses reines.

Cette conception particulière du grand et du tragique
(que j'ai déjà définie à propos du premier *Discours*)
et le goût de Corneille pour les stériles complications
de l'intrigue, voilà le double mal dont sont mortes

presque en naissant ses douze ou quinze dernières
tragédies.

De plus en plus, il méprise l'amour, le considère
comme « indigne » du théâtre tragique, le subordonne
aux passions « mâles ». Tout sentiment tendre, toute
faiblesse humaine est exclue de ses drames; il n'y
garde plus guère que l'ambition et l'orgueil. On n'y
agite plus d'autres questions que celles de la politique :
le reste, paraît-il, manque de « grandeur ». Mais, dès
lors, c'est la tragédie elle-même qui disparaît. Point
de larmes dans les dernières pièces de Corneille, et,
souvent, point de sang (*Tite et Bérénice, Agésilas,
Pulchérie*). Il ne fait plus guère que des « comédies
héroïques ». Il est fier (et à juste titre) d'avoir ajouté
aux deux antiques « ressorts » de la terreur et de la
pitié, celui de l'admiration (sans s'apercevoir qu'il
est déjà dans le théâtre grec.) « ... Dans l'admiration
qu'on a pour la vertu de Nicomède je trouve, dit-il,
une manière de purger les passions dont n'a point
parlé Aristote et qui est peut-être plus sûre que celle
qu'il prescrit à la tragédie par le moyen de la pitié et
de la crainte, etc. » Or, c'est très bon d'admirer;
mais l'admiration toute seule et l'admiration continue
ennuie : et d'ailleurs on n'admire de bon cœur que ce
qui reste humain... On peut être amusé, dans *Pertharite*, dans *Sophonisbe*, dans *Suréna*, par la pédanterie
des héroïsmes étalés, par la rhétorique hérissée des
dissertations politiques, mais on y cherche en vain
des êtres de chair et de sang. Le vieux poète s'en

soucie bien! Il s'enfonce superbement dans son enfantine erreur. Ses viragos déplaisent? Tant mieux! Il
n'a pour l'imbécillité de notre goût qu'un sourire
méprisant... « Et j'aime mieux, dit-il, qu'on me
reproche d'avoir fait mes femmes trop héroïnes, que
de m'entendre louer d'avoir efféminé mes héros par
une docte et sublime complaisance au goût de nos
délicats, qui veulent de l'amour partout. » Dans les
dernières années, quand il a traduit l'*Imitation,* un
scrupule chrétien vient le raidir encore dans son
austérité naturelle. « ... Les tendresses de l'amour
content sont d'une autre nature; et c'est ce qui m'o-
blige à les éviter. J'espère un jour traiter cette matière plus au long, et faire voir quelle erreur c'est de
dire qu'on peut faire parler sur le théâtre toutes
sortes de gens, *selon toute l'étendue de leurs caractères.* »
(Préface d'*Attila*). La phrase vise, à n'en point douter,
le théâtre de Racine. Exprimer certaines passions
tout entières, mettre sur la scène des personnages
tels qu'Hermione et Oreste, cela lui paraît indigne à
la fois d'un poète tragique et d'un chrétien.

CONCLUSION

L'étude des trois *Discours* et des *Examens* nous permet deux affirmations :

1° Ce n'est pas (comme le croit la Bruyère et, après lui, l'opinion commune), par une inexplicable décadence de son génie que Corneille, ayant fait *le Cid*, a fait *Pertharite, Sophonisbe, Attila, Suréna;* mais c'est plutôt par le développement constant et par l'application de l'idée austère et naïve qu'il s'est toujours faite de la grandeur. Alidor, dans *la Place Royale*, tend la main à l'Eurydice de *Suréna*. Corneille en vient rapidement à n'aimer plus que les passions qui sont « grandes » par leur objet matériel et par le déploiement de volonté qu'elles provoquent. Même, à la fin, — conception enfantine d'un côté et sublime de l'autre, — il n'estime grand que ce qui est royal et ne voit de beau que l'effort de la volonté. Si cela était possible, il nous montrerait l'acte volontaire en soi, hors du monde des accidents, sans une matière où il s'applique, se prenant lui-même pour but. Dès lors, comme j'ai dit, plus rien de vivant ni d'humain, sinon cette folie même du vieux poète, cette sorte d'ascen-

sion dans un air glacé. En d'autres termes, plus rien
de vivant ni d'intéressant, dans le théâtre de Corneille,
que Corneille lui-même. Et cela nous suffit.

2º Si Corneille a été gêné, inquiété par Aristote, il
n'est peut-être pas vrai de dire, comme on l'a souvent
fait, que les règles aient sérieusement entravé son
génie, ni que son théâtre serait très différent s'il ne
les avait pas connues ou s'il les avait méprisées. Car,
d'abord il se vante continuellement d'avoir imaginé
des formes dramatiques nouvelles, inconnues des
anciens. Puis, toutes les règles qui le gênent, il les
« apprivoise », ou même, quelquefois, il les écarte.
Faut-il vous rappeler quelques-unes de ses ruses et de
ses audaces? Quoiqu'il entende la *katharsis* d'une
façon extrêmement étroite, et probablement à contresens, il arrive, à force d'interprétations subtiles, à la
trouver dans toutes ses pièces. Des quatre combinaisons
les plus propres, suivant Aristote, à exciter la terreur
et la pitié, il met au premier rang celle dont Aristote
fait le moins de cas. Le respect excessif qu'il accorde
à l'histoire dans son premier *Discours* ne l'empêche
point de la bouleverser de fond en comble dans *Rodogune*, *Héraclius*, etc. La « règle » dont il s'est le moins
complètement dégagé est celle de l'unité de jour et de
lieu. Encore la pratique de cette règle, qu'il entend
d'ailleurs avec une largeur relative, n'a-t-elle pu
altérer sérieusement la forme naturelle de ses concep-
tions tragiques; car son penchant était de pousser à
outrance l'unité de composition, et en maint endroit

il raffine sur ce point. Tout ce qu'on peut dire, c'est
que, s'il eût moins cru à la nécessité de l'unité de lieu
et de temps, peut-être eût-il donné un peu d'air et de
lumière au fouillis de *Rodogune* et surtout d'*Héraclius*,
et mis en action, au lieu de les mettre en récits, certaines expositions par trop laborieuses. Peut-être
aussi eût-il composé, y trouvant plus de facilité,
quelques *Héraclius* de plus. Y aurions-nous gagné
beaucoup? En tout cas, je ne crois pas que la physio-
nomie générale de son œuvre en eût été sensiblement
changée. Le bonhomme avait une personnalité trop
forte, un génie trop instinctif, en dépit de sa rage de
raisonner, trop spontané, trop involontaire. Il ne
pouvait subir que superficiellement les influences
anciennes ou contemporaines. L'âme de son théâtre,
c'est une manie, une illusion, une folie, comme il
vous plaira de l'appeler, un principe de création et de
vie que rien ni personne, évidemment, ne pouvait
modifier ou seulement entamer, non point même
Aristote et sa *Poétique*. Ce sont les écrivains du second
ordre dont on peut se demander : « Qu'auraient-ils
fait, un peu plus tôt ou un peu plus tard, en dehors
de telle ou telle influence ? » Mais Corneille! Il est trop
lui-même; il l'est trop clairement, et partout. Enfin
son œuvre, telle qu'elle est, reste unique et souveraine dans l'histoire du théâtre. Il n'y a donc rien à
regretter. Et, comme j'ai pu quelquefois paraître
irrespectueux en analysant les doctes et ingénues
dissertations du grand poète devenu critique, je

veux, pour me laver de tout reproche, redire ici de
tout mon cœur le beau mot de la Bruyère : « Ce
qu'il y a eu de plus éminent en lui, c'est l'esprit. qu'il
avait sublime. » Et je n'ai pas besoin de dire qu'il
faut entendre « esprit » au sens latin (*spiritus*).

FIN

TABLE DES MATIÈRES

FIN DE LA TABLE

Sceaux. — Imp. Charaire et fils.

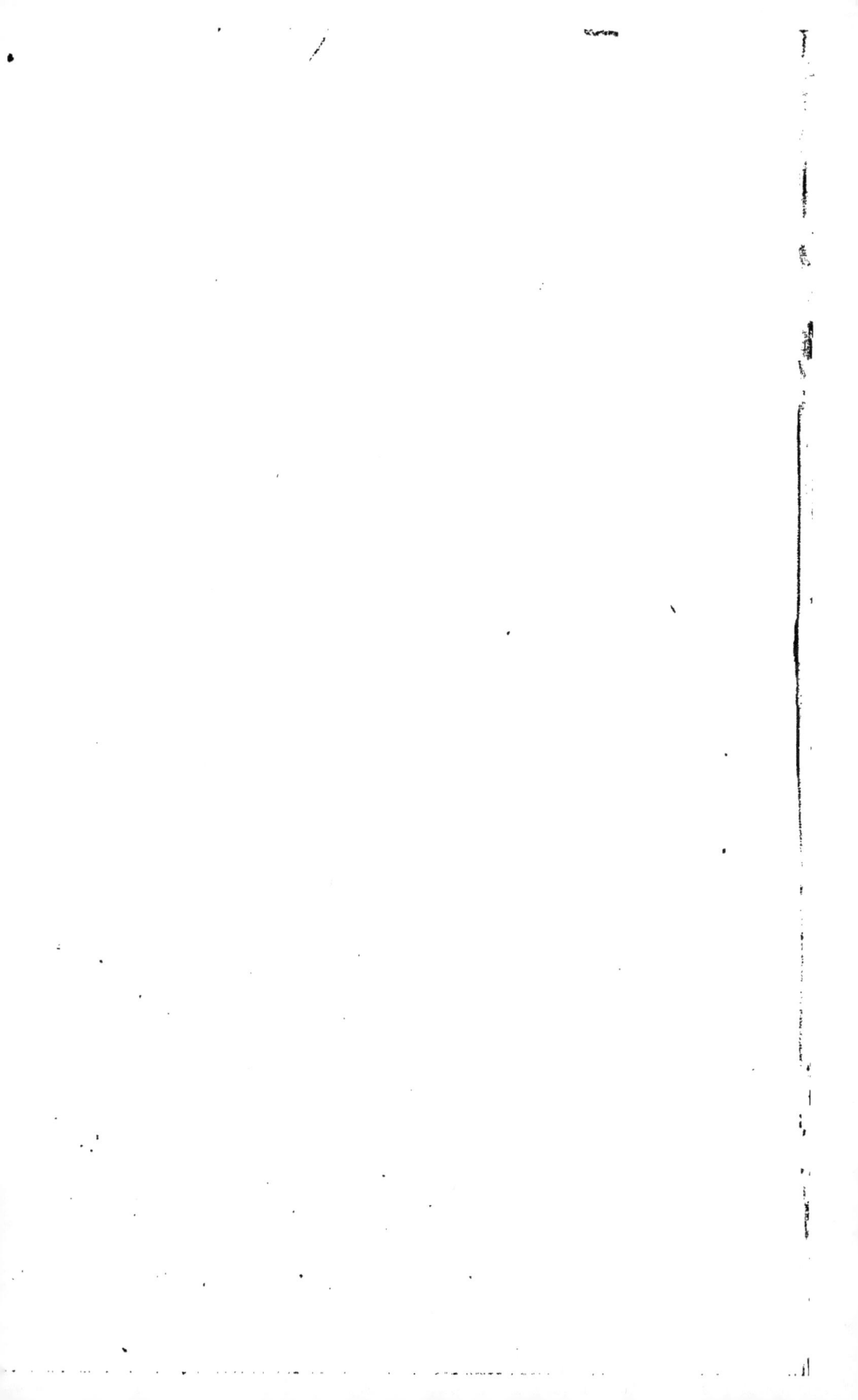

Librairie de H. LECÈNE et H. OUDIN, éditeurs

17, RUE BONAPARTE, A PARIS

NOUVELLE BIBLIOTHÈQUE LITTÉRAIRE

JULES LEMAITRE. Les Contemporains, ÉTUDES ET PORTRAITS LIT-
TÉRAIRES :

Première série, 1 vol. in-18 jésus, 10ᵉ édition, broché **3 50**
Deuxième série, 1 vol in-18 jésus, 8ᵉ édition, broché. **3 50**
Troisième série, 1 vol. in-18 jésus, 6ᵉ édition, broché. **3 50**
Chaque volume se vend séparément.
Cet ouvrage a été couronné par l'Académie française. (Prix Vitet, 1887.)

JULES LEMAITRE. Impressions de Théâtre. *Première série*, 1 vol.
in-18 jésus, 6ᵉ édition, broché, ... **3 50**
Deuxième série, 1 vol. in-18 jésus, 3ᵉ édition, broché. **3 50**

E. FAGUET. Les Grands maîtres du XVIIᵉ siècle. Études littéraires
et dramatiques, 4ᵉ édition, broché. **3 50**

E. FAGUET. Études littéraires sur le XIXᵉ siècle. 1 beau volume
in-18 jésus, 3ᵉ édition, broché **3 50**
Ouvrage couronné par l'Académie française. (Prix Montyon, 1887.)

E. DUPUY. Victor Hugo. — L'HOMME ET LE POÈTE. — Les Quatre Ages,
les Quatre Cultes, les Quatre Inspirations. 1 volume in-18 jésus, 2ᵉ édition,
broché. **3 50**

**E. DUPUY. Les Grands maîtres de la littérature russe au
XIXᵉ siècle.** 1 vol. in-18 jésus, broché **3 50**

P. STAPFER. Shakespeare et les Tragiques grecs. 1 joli volume
in-18 jésus. **3 50**
Ouvrage couronné par l'Académie française.

NOUVELLE COLLECTION DE CLASSIQUES POPULAIRES

PUBLIÉE SOUS LA DIRECTION DE

M. ÉMILE FAGUET

Avec le concours de plusieurs publicistes et professeurs de l'Université

Chaque volume in-8 de 249 pages, broché. . **1 fr. 50**
Cartonné, toile souple, tranches rouges. . . **2 fr. 50**

LA FONTAINE, par ÉMILE FAGUET.
CORNEILLE, par LE MÊME.
MICHELET, par CORRÉARD.
HOMÈRE, par COUAT.
FÉNELON, par G. BIZOS.
VIRGILE, par CÖLLIGNON.
V. HUGO, par E. DUPUY.
PLUTARQUE, par J. DE CROZALS.
MONTESQUIEU, par E. ZÉVORT.
J.-J. ROUSSEAU, par L. DUCROS.
BUFFON, par LEBASTEUR.
MOLIÈRE, par H. DURAND.
MADAME DE SÉVIGNÉ, par VALLERY-RADOT.

Sceaux. — Imprimerie Charaire et fils.